"十二五"辽宁省重点图书出版规划项目

The Establishment of Tourism Integrity System in Jiangsu Province in the New Era

操 阳 ◎ 著

新时代背景下旅游诚信体系建设研究

以江苏为例

大连

图书在版编目（CIP）数据

新时代背景下旅游诚信体系建设研究：以江苏为例 / 操阳著. —大连：东北财经大学出版社，2021.12

（墨香财经学术文库）

ISBN 978-7-5654-4385-5

Ⅰ. 新… Ⅱ. 操… Ⅲ. 旅游业-信用制度-研究-江苏 Ⅳ. F592.753

中国版本图书馆CIP数据核字（2021）第260749号

东北财经大学出版社出版发行

大连市黑石礁尖山街217号 邮政编码 116025

网 址：http：//www.dufep.cn

读者信箱：dufep @ dufe.edu.cn

大连永盛印业有限公司印刷

幅面尺寸：170mm×240mm 字数：117千字 印张：8.5 插页：1

2021年12月第1版 2021年12月第1次印刷

责任编辑：张旭凤 责任校对：张晓鹏

封面设计：冀贵收 版式设计：钟福建

定价：36.00元

教学支持 售后服务 联系电话：（0411）84710309

如有印装质量问题，请联系营销部：（0411）84710711

本书受到

江苏省哲学社会科学基金项目“江苏旅游诚信体系建设研究”（项目编号：18GLB07）、江苏省教育厅哲学社会科学重点建设基地基金项目（项目编号：2019JSLWY008）的资助。

前言

随着人们生活水平的提高和对美好生活的向往，旅游越来越成为人们生活中的常态和重要的生活方式，成为衡量人们生活质量的重要标准。旅游业位列五大幸福产业之首，其产业带动能力、跨界融合能力、业态发展能力不断增强，不仅成为文化、康养服务等产业发展的重要载体，也成为与文化、体育、健康、养老及其他产业联动的重要媒介。旅游业在我国社会经济发展中占有重要的地位，已经成为国民经济的战略性支柱产业和新的经济增长点。然而屡见不鲜的失信行为引发的旅游投诉，极大地阻碍了我国旅游业的健康发展，有损世界著名旅游目的地的形象，甚至影响了中国旅游业高质量发展，加快推进、完善我国旅游诚信体系建设刻不容缓。

本书立足于新时代旅游强国的大背景，从旅游诚信的内涵与特点入手，探析旅游失信行为的成因，借鉴场域理论，探究旅游诚信体系建设新路径。全书共分为五部分：研究背景与问题的提出；旅游诚信概念的界定与作用；旅游市场失信行为表现与原因分析；基于场域理论的旅游诚信体系构建；江苏旅游诚信体系建设实证研究。

本书的主要贡献与创新之处在于：

（1）学术价值。本书立足中国特色社会主义新时代旅游业高质量发展的大背景，以问题为导向，界定了旅游诚信的内涵，运用动机-目标理论、驱力理论、诱因理论、群体动力理论等，构建了旅游失信行为过程解析图，深入探究了旅游失信行为内在和外部原因；以场域理论研究视角，拓宽了现有学术研究空间，构建了旅游诚信场域结构，提出了旅游诚信体系建设要以道德诚信为基，以法治诚信为本，道德诚信软约束力和法治诚信硬约束力双线并进的思想，所形成的研究成果，将进一步充实、丰富旅游诚信理论和旅游诚信场域理论。

（2）应用价值。本书运用场域理论，构建了我国旅游诚信场域模式，提出"强旅游诚信场域"建设路径：一是强化政府在旅游诚信场域建设中的主导、引领、监管作用，全面加强政务诚信建设，提升政府公信力，营造良好的诚信旅游环境；二是道德教化约束和法律约束双线并进，建设强旅游诚信规则，促进旅游诚信由他律走向自律；三是增加诚信资本，培育旅游诚信场域惯习，使诚信成为旅游场域主体行动的自觉。本书所形成的研究成果，为旅游诚信体系建设提供理论和实践指导。

本书的不足之处在于：

（1）区域旅游诚信体系建设的比较研究不够。在实证研究中，没有开展江苏与东部沿海其他地区如上海、浙江、广东等省市在旅游市场失信状况、治理旅游失信行为的经验做法以及旅游诚信体系建设路径等方面的比较研究，在今后的研究工作中有待加强。

（2）建立促进旅游企业诚信的评价体系尚待研究。在旅游强国建设的背景下，建立促进旅游企业诚信评价体系，构建旅游企业诚信等级评价体系和评级机制，引导并促进旅游企业高质量发展，有待今后进一步加强研究。

本书是在完成了江苏省哲学社会科学基金项目——"江苏旅游诚信体系建设研究"（项目编号：18GLB07）和江苏省教育厅哲学社会科学重点建设基地基金项目（项目编号：2019JSLWY008）的基础上，由项目负责人操阳独立撰写而成的，在完成过程中得到了课题组其他成员的大力支持，同时利用了不少相关的网络资源，引用了一些学者的研究成果，在此一并表示衷心感谢！

由于本人的能力和水平有限，本书尚有一些不足，恳请广大读者批评指正。

操　阳

2021 年 8 月

目录

1 研究背景与问题的提出

2017年10月18日，在中国共产党第十九次全国代表大会上，习近平总书记郑重宣示："经过长期努力，中国特色社会主义进入了新时代，这是我国发展新的历史方位。"这一重大政治判断，以马克思主义时代观为理论指导，以党的十八大以来全方位的、开创性的成就和深层次、根本性变革为现实根据，实现了马克思主义同中国实际相结合的历史性飞跃。中国特色社会主义进入新时代，我国社会主要矛盾已经转化为人民日益增长的美好生活需要和不平衡不充分的发展之间的矛盾。旅游业作为五大幸福产业之首，如何顺应社会主要矛盾的变化，实现高质量发展，打造为最具影响力的幸福产业和强国产业，是新时代中国旅游业发展的新使命。

1.1 研究背景

1.1.1 中国特色社会主义新时代旅游业发展的新使命

在1980年世界旅游大会上，世界旅游组织通过了旅游业发展的纲领性文件——《马尼拉世界旅游宣言》，其中明确提出：旅游是人的基本权利，是人类实现自我精神解放的重要途径。旅游是人类生活中最重要的精神消费活动，发展旅游的根本目的是提高人们的生活质量和促进身心健康，促进社会、文化、经济等健康发展。

旅游业作为直接为人服务的综合产业，在满足人民日益增长而广泛的美好生活需要、拉动经济发展、传播文明和交流文化等方面的分量越来越重，在百姓身体健康、心灵愉悦、增长知识、快乐养老和生活幸福中发挥的作用越来越大。早在2009年，《国务院关于加快发展旅游业的意见》（国发〔2009〕41号）明确提出，要把旅游业培育成为国民经济的战略性支柱产业和人民群众更加满意的现代服务业。2016年，《关于进一步扩大旅游文化体育健康养老教育培训等领域消费的意见》（国办发〔2016〕85号）更是明确提出，要着力推进“旅游、文化、体育、健康、养老”五大幸福产业，将旅游业列为五大幸福产业之首。因此，旅游业是以“幸福产业”定性的，不仅要把旅游业看作促进地方社会经济发展和百姓致富的经济产业，更要把旅游业看成关系广大百姓生活品质和幸福指数的民生产业、惠民产业和富民产业。旅游业的发展既要充分发挥其在拉动劳动就业、带动相关产业发展、促进经济增长等方面的经济作用，更要关注其在改善民生福祉、实现消除贫困、促进社会和谐、保护生态环境、平衡区域发展、加强文化发展、传播中华文明、提升国家形象等方面的综合作用。特别是面对人民日益增长的美好生活需要和不平衡不充分的发展之间的矛盾，要发挥旅游的特殊作用，以及充分发挥旅游在参与全球发展、构建人类命运共同体等方面的独特作用。[1]

因此，站在新的历史方位，加快旅游诚信体系建设，不断推动旅游业从高速增长转向高质量发展，努力把旅游业打造成为最具影响力的幸福产业，把我国建设成为现代旅游强国，通过旅游业高质量发展让广大人民群众更有获得感、公平感和幸福感，确保旅游业发展能够为实现社会主义现代化提供重要支撑，是中国特色社会主义新时代赋予旅游业的新使命。

1.1.2 中国特色社会主义新时代旅游业发展的新担当

文化是旅游的灵魂，旅游是文化的载体。诚信作为中华民族的传统美德，是社会主义核心价值观的重要内容，也是每一个中国公民应该遵守的最基本的行为准则和道德修养。2012年11月，党的十八大报告中明确提出，要积极培育社会主义核心价值观，倡导富强、民主、文明、和谐，倡导自由、平等、公正、法治，倡导爱国、敬业、诚信、友善。2013年12月11日，在中共中央办公厅印发的《关于培育和践行社会主义核心价值观的意见》中，更加明确指出，富强、民主、文明、和谐，自由、平等、公正、法治，爱国、敬业、诚信、友善，是社会主义核心价值观的基本内容。其中，“爱国、敬业、诚信、友善”是公民个人层面的价值准则。

2017年10月18日，习近平总书记在十九大报告中指出，要培育和践行社会主义核心价值观，要以培养担当民族复兴大任的时代新人为着眼点，强化教育引导、实践养成、制度保障，发挥社会主义核心价值观对国民教育、精神文明创建、精神文化产品创作生产传播的引领作用，把社会主义核心价值观融入社会发展各方面，转化为人们的情感认同和行为习惯。

中国旅游业经过改革开放40多年的发展，取得了世界瞩目的成就，从世界旅游市场中的无名一族，成长为世界最大的国内旅游市场、世界第一大国际旅游消费国、世界第四大旅游目的地国家。进入新时代，中国旅游业正从追求速度和数量的外延式增长转向高质量内涵式发展。在推动高质量发展的过程中，旅游业要始终明确“旅游业发展为了谁”，牢固树立“以游客为本”的思想，即一切旅游工作都要以游客需求作为最根本的出发点和落脚点；始终坚持“旅游服务至诚至信”的理念，即以最大程度的诚恳、诚信和真诚做好旅游服务工作，将“诚信”作为旅游业服务游客、服务社会的精神内核，作为旅游企业、旅游从业人员应当树立的基本工作理念和遵循的根本行为准则。

因此，积极培育和践行社会主义核心价值观，加快并完善旅游诚信体系建设，是新时代中国旅游业高质量发展和建设现代旅游强国的新担当。

1.1.3 中国特色社会主义新时代旅游业发展的社会责任

社会责任是社会法和经济法中规定的组织或个体对社会整体承担的责任，是由角色义务责任和法律责任构成的二元结构体系。企业、企业家有按照社会期望的目标和价值观来制定政策、进行决策或采取行动的义务（Howard R.Bowen，1953）[2]。社会责任作为决策者的义务，要求决策者在追逐自身利益最大化的同时，应该采取实际行动来保护和增进社会公益。“责任铁律”（Keith Davis，1960）[3] 也告诫我们：责任和权利是联系在一起的，在行使其权利的同时也应承担对应的社会责任，躲避责任的后果将是社会权利的逐渐减弱甚至丧失。

企业社会责任是某一特定时期社会对企业所寄托的经济、法律、伦理和自由决定的期望，即完整的企业社会责任为企业的经济责任、法律责任、伦理责任和自由决定的责任（Carrol，1979、1991）[4]。其中，企业的经济责任主要有：促进企业和社会经济增长，为社会提供有价值的产品（服务）；为社会创造财富；为社会提供更多的就业机会等。企业的法律责任主要有：遵守国家的法律和规定，依法经营；依法纳税。企业的伦理责任主要有：维护股东权益；维护员工权益；维护消费者权益；保护环境；积极参与社区建设，促进当地经济和社会的发展等。企业的自由决定责任主要有：积极开展和参与社会慈善活动；支持国家和地方的教育和文化艺术事业的发展；关注社会弱势群体，如投资福利院、赡养孤寡老人及安置残疾人等。（邓玉华，2013）[5]

近年来，随着中国旅游业的蓬勃发展，旅游已走入寻常百姓家，成为人们的刚性需求，旅游业的国民经济战略性支柱地位日益凸显。在我国旅游产业取得较大发展和显著成绩的同时，我们还要清醒地看到，旅游合同欺诈、景区环境恶化、服务承诺不兑现等社会责任缺失的现象也依然存在，引发了一些社会问题。随着我国全面建成小康社会和社会主义现代化强国建设进程的进一步加快，社会公众的社会责任意识进一步增强，旅游企业及其从业人员、旅游市场监管部门、游客等更应该承担起自身的社会责任，共同推动我国旅游诚信体系建设，促进中国旅游业高质量发展，解决人民日益增长的美好旅游需要和不平衡不充分的旅游发展之间的矛盾，使旅游业一直成为让广大人民群众获得幸福感的“幸福产业之首”。

1.2 问题的提出

2013年1月7日，中国社会科学院社会学研究所发布的《社会心态蓝皮书》中的调查显示：社会的总体信任进一步下降，人与人之间的不信任进一步扩大，只有不到一半的人认为社会上大多数人可信，只有2到3成的人信任陌生人；群体间的不信任加深和固化，既表现为官民、警民、民商、医患等社会关系的不信任，也表现为不同阶层、群体之间的不信任；民众对广告、房地产、食品及药品制造、旅游和餐饮等行业的信任度也较低。《社会心态蓝皮书》认为：社会不信任导致社会的内耗和冲突加大，并成为许多社会性事件的培养基。

“人无信不立，业无信难兴，政无信必颓”。近年来发生的黑龙江“雪乡宰客”事件、山西临汾环保监测数据造假案、长春长生公司生物狂犬疫苗造假案、翟天临学术门事件等引发的社会热议和质疑，成为社会信任恶化的注脚。诚信问题已经成为全社会普遍关注和重视的问题。因此，诚信危机的危害不仅仅体现在道德领域、经济领域，其最大的危害在于它可能引发全面的社会危机，破坏社会的和谐稳定和公平有序的社会秩序。

随着我国全面建成小康社会的持续推进，旅游已经成为人民群众日常生活的重要组成部分，旅游业也成为提升人民群众生活品质的幸福产业、经济转型升级的重要推动力、生态文明建设的重要引领产业，以及展示国家综合实力的重要载体。

我国旅游业已进入大众旅游时代。中国旅游研究院（文化和旅游部数据中心）发布的数据显示，2019年，旅游经济继续保持较快增长。国内旅游市场和出境旅游市场稳步增长，入境旅游市场基础更加稳固。2019年全年，国内旅游人数60.06亿人次，比上年同期增长8.4%；入出境旅游总人数3.0亿人次，同比增长3.1%；全年实现旅游总收入6.63万亿元，同比增长11%。旅游业对GDP的综合贡献为10.94万亿元，占GDP总量的11.05%。旅游直接就业2 825万人，旅游直接和间接就业7 987万人，占全国就业总人口的10.31%。旅游业在拉动劳动就业、带动相关产业发展、促进经济增长、改善民生福祉等方面发挥着日益重要的作用，在我国经济和社会发展中占有重要地位。2020年，受新冠肺炎疫情影响，旅游行业走过了一段波澜壮阔的抗疫史，在统筹推进疫情防控和复工复产中取得积极成效。数据显示，2020年全年国内游客28.8亿人次，比上年下降52.1%。国内旅游收入为22 286亿元，下降了61.1%。[6]

然而屡见不鲜的旅游失信行为，特别是旅游企业的失信行为引发了大量的旅游投诉，在一定程度上阻碍了我国旅游业的健康发展。人民网旅游3·15投诉平台公布的2015年至2019年旅游投诉数据显示：5年来，该平台年均收到有效投诉1 342件，旅游投诉集中在旅行社、导游、景区、酒店、航空5个领域，其中涉及在线旅游企业的投诉呈现上升趋势，其中2018年涉及在线旅游企业的投诉为1 156条，占总投诉量的79.89%；投诉内容主要是旅游合同与行程不符、导游强迫购物、导游服务态度差、酒店与描述不符、默认搭售附加产品、机票不能退改签、机票退改签费用高、机票加价出票等问题。

旅游业作为促进社会经济发展的战略性支柱产业，其社会综合效益和地位日益凸显。“十三五”旅游业发展规划明确提出，把人民群众满意作为旅游业发展的根本目的，通过旅游促进人的全面发展，使旅游业成为提升人民群众生活品质的幸福产业，积极构建人民群众更加满意的现代旅游业，努力建成全面小康型旅游大国。新时代背景下，旅游业的发展更要高度关注国民福祉和社会和谐问题，通过旅游发展让人民群众更有获得感、公平感和幸福感，使旅游业发展成为实现社会主义现代化的重要支撑。可见，在奋力迈向优质旅游发展新时代的过程中，加强旅游诚信建设是实现旅游强国、提高人民福祉、维护社会信用消费、塑造大国形象、提升中国旅游在世界上的影响力和竞争力的迫切需要，是关系实现中国特色社会主义现代化和中华民族伟大复兴的目标的大事。

近年来，各界对旅游诚信问题的关注度越来越高，政府出台了很多关于旅游诚信建设的文件，如国家旅游局（现文化和旅游部）印发的《旅游经营服务不良信息管理办法（试行）》（旅办发〔2015〕181号）、《国家旅游局关于打击组织“不合理低价游”的意见》（旅发〔2015〕218号）、《关于加强旅游诚信建设实施失信联合惩戒的通知》（旅办发〔2016〕296号）、《旅游市场黑名单管理办法（试行）》（文旅市场发〔2018〕119号）、《文化和旅游部关于实施旅游服务质量提升计划的指导意见》（文旅市场发〔2019〕12号）等。

同时，不少学者对旅游诚信建设问题进行了有益的探讨。王珏（2004）、张欣建和吴国清（2006）、邓建等（2009）、李彬彬等（2014）等对旅游诚信特别是旅游企业诚信进行了界定和探讨；姚延波等（2013，2014，2017）从利益相关者视角和监管视角构建了我国旅游企业诚信评价指标体系；陈胜（2007）、张欣建等（2006）、范英杰（2004）、庄东泉（2005）、王瑜（2008）等从旅游诚信文化、制度建设、意识和信息对称度、市场管理体制机制、社会信用监督平台、行业自律机制、企业自律机制等方面构建了旅游诚信体系；王科花（2015）、于婷婷（2016）、刘凯（2017）等分别对黑龙江、吉林长春、云南等地的旅游诚信体系建设进行了有益的研究。

但是从已有的文献梳理来看，虽然国内对旅游诚信问题的研究成果数量较多，但是也存在一些不足：对旅游诚信的特殊性研究较少；对旅游诚信问题的剖析多数集中于旅游诚信“缺失”及其表层原因、治理对策的研究，缺少对我国旅游诚信本质问题的研究；缺乏对旅游失信行为深层次原因的研究；多立足于旅游企业的视角，缺少多视角的研究成果，特别是基于场域理论的旅游诚信体系研究几乎空白。

因此，着眼于新时代旅游高质量发展的新目标、新要求，研究旅游诚信特质，探究旅游诚信体系架构和建设路径，科学治理旅游失信行为，加快推进旅游业高质量发展，是目前亟需解决的重要课题。同时，加快推进旅游诚信体系建设，也是实现旅游强国，提高广大人民群众福祉，维护社会信用消费，提升中国旅游业的影响力和竞争力的迫切需要。

2 旅游诚信概念的界定与作用

2.1 诚信的内涵与本质

2.1.1 诚信的内涵界定

关于对诚信的内涵界定，国内外专家学者的研究颇多，归纳起来主要有以下三种观点：

（1）道德观

从伦理道德范畴角度来看，“诚信”是一种道德规范或品质[7]。宋代理学家朱熹认为，“诚者，真实无妄之谓”[8]，即“诚”为与客观事实相符合，真实、诚实，不诈伪，要求人们说真话、做实事。宋代理学家程颢、程颐认为，“信者，无伪而已”[9]，即“信”为“实”，要求人们说实话、诚实不欺。故此，许慎认为，“诚，信也”“信，诚也”。[10]千百年来，“诚”“信”作为伦理规范和道德标准，被中华民族视为自身的行为规范、道德修养和文化瑰宝，其内涵本质是一种由人格自律构成的道德范畴，要求人们诚实无欺、信守承诺、言行一致、表里如一，强调通过提高内生道德水平来加强人与人之间的互信。因此，诚信既是做人的基本要求，也是待人处事之道。

（2）契约观

从契约法律范畴角度来看，“诚信”是一种兑现承诺的契约行为。《现代汉语词典》中对“诚信”的解释为“诚实，守信用”；对“信用”的解释为“能够履行跟人约定的事情而取得的信任”；对“信任”的解释为“相信而敢于托付”。可见，“诚信”是“信用”和“信任”产生的前提和基础。社会学家盖奥尔格·西美尔（Georg Simmel）认为“信任是社会中最重要的综合力量之一”。[11]“离开了人们之间的一般性信任，社会自身将变成一盘散沙，因为几乎很少有什么关系能够建立在对他人确定的认知之上。”[12]我国学者徐国栋认为“诚信是来源于道德的法律制度，它分为客观诚信和主观诚信两个方面，两种诚信可以统一在社会契约论的基础上”。[13]因此，从契约法律层面来说，诚信是实现自我合法利益的前提，是社会组织的黏合剂，更是社会秩序的重要基础之一。在社会治理中，诚信具有不可替代的重要价值，没有诚信、信任，将无法构建持续的社会关系和稳定的社会秩序。

（3）资本观

从经济学范畴的角度来看，“诚信”是一种社会资本，一种极为重要和宝贵的社会资源[14]。社会资本可以简单地定义为“一个群体成员共有的一套非正式的、允许他们之间进行合作的价值观或准则”。“如果该群体的成员开始期望其他成员的举止行为将会是正当可靠的，那么他们就会相互信任。信任恰如润滑剂，它能使任何一个群体或组织的运转变得更加有效。”[15]詹姆斯·S.科尔曼（James S.Coleman）认为“信任，作为社会资本的一种形式，其重要性体现在相互信任的系统内”。[16]“信任的强化提高了受托人从事某种活动的可能性，受托人获得成功的能力有赖于他得到多大程度的信任，信任的强化将使得信任程度进一步提高。”[17]

2.1.2 诚信的本质

诚信、信任作为社会治理的重要社会资本工具，当被用于管理时，将迫使人们在决策前根据其获利性进行判断，信任减弱或出现信任危机，将会加大预期不确定性和合作风险，因而对信任机制的调节能够降低监管成本和处罚成本。在现代社会，诚信作为社会资本的基点，地位和作用越来越重要，可以说，没有诚信就没有社会经济的稳定和繁荣发展。

可见，诚信本质上是一种内生的道德标准，是做人的基本要求，外化为一种社会资本、法律制度，用于社会治理，推动社会成员内生道德水平的提高和契约精神的遵守，成为一个社会凝聚力的基础、经济发展的基石和社会文明进步的基本保证。

2.2 旅游诚信的内涵与特点

2.2.1 旅游诚信的内涵界定

旅游一般是指为了消遣、休闲等娱乐目的，人们离开自己的日常居住地，到异地作非定居性旅行和暂时停留的社会活动，具有异地性、暂居性、消遣性和综合性等特点。目前对旅游诚信的内涵研究比较少，看法不一。杨晓霞从信用的角度，提出“旅游信用是指旅游活动的主体（包括政府、旅游企业和旅游个人）为谋求利益最大化，建立在诚实守信道德基础上的心理承诺与约期实践相结合的意愿和能力”。[18] 王珏从旅行社的角度提出“旅行社服务信用是指在整个旅行社的旅游接待服务过程中，旅游者按合同约定实施购买行为，旅行社履约从事接待服务工作，并确保旅游者的满意率”。[19] 张欣建和吴国清认为，旅游诚信是旅游业作为行业主体在实践中“践行”权利与责任的状态与履约程度，同时，也是一种道德人格和自律机制。[20] 邓建等从企业诚信的角度提出“旅游诚信是旅游企业在开展生产经营及其他相关旅游活动时，对相关各方即利益相关者的信诺守行，由企业的经济信用、经营管理、社会信用、人力资源信用、成长能力及发展前景共同构成”。[21] 于婷婷将旅游诚信分为狭义和广义两种：“狭义的旅游诚信是指各类旅游企业为主体的旅游生产经营及其相关旅游活动中的诚信问题。广义的旅游诚信则是指旅游活动中全部利益主体，包括旅游企业及其从业人员、目的地政府与居民、旅游者，基于市场经济条件下的契约精神而‘践行’自身权利与责任、履行契约的状态或程度，是一个包括旅游地政府、旅游企业及其从业人员、涉旅公民（含旅游者与目的地居民）三类主体利益相互作用、相互影响的复杂系统。”[22]

笔者认为旅游诚信是从“诚信”这个概念衍生而来的，它是从旅游的角度，对诚信进行研究。由于旅游诚信研究的对象涉及社会各个层面和领域，因而它是一种广义上的诚信概念。根据上述对诚信的内涵界定，可以将旅游诚信定义为：在旅游活动中，活动主体（包括政府、企业、个人）秉承诚实、守信原则，履行约定的承诺，建立起一种相互信任的关系，实现各自的利益满足。

由于旅游是以身心娱乐为动机，人们离开惯常居住地到异地旅行，期间会涉及吃、住、行、游、购、娱等多方面社会活动，因此，对参与旅游这项活动或提供旅游服务的个人或组织的诚信要求会很高，正是基于对他们的信任，游客才能在相对陌生的环境中暂居生活，进行休闲、娱乐等活动。

2.2.2 旅游诚信的特点

旅游诚信属于社会诚信体系中的行业诚信范畴，它是将旅游与诚信有机结合而形成的一个新的研究领域。旅游业的特殊性，使得旅游诚信有着与其他诚信不同的特点。

（1）旅游诚信的综合性和整体性

旅游业是以提供旅游服务来满足旅游者多样化需求的综合性行业，是由“食、住、行、游、购、娱”等旅游要素组成的行业整体，具有综合性强、涉及面广、关联度高等特点。从游客的角度来看，选择旅游活动是一次综合性的体验，期间会涉及餐饮、交通、住宿、购物、通信、文化娱乐、观光游览等多方面活动内容，游客的满意度评价是对这次旅游活动整体感受的评估，任何一个环节、一个企业出现问题，都会影响旅游业整体的诚信形象，进而影响整个旅游业的声誉。

（2）旅游诚信的复杂性和外部性

旅游业是由多主体、多环节、跨行业配合的服务性产业。就旅游诚信主体而言，主要包括政府诚信、旅游企业诚信、个人诚信等。其中政府诚信是以政府及其工作人员为主体的诚信，它是整个社会诚信体系的基础和核心，可分为政府部门诚信和工作人员诚信。旅游企业诚信又可分为旅行社诚信、旅游景区景点诚信、旅游酒店诚信、旅游商业街（商店）诚信、旅游餐饮企业诚信、旅游娱乐企业诚信、旅游交通企业诚信等；个人诚信包括旅游从业者诚信、游客诚信和目的地居民诚信等。

在旅游活动中，旅游诚信各主体之间密切关联，由此使得旅游诚信关系变得错综复杂。旅游诚信的外部性主要表现在，旅游诚信主体的守信和失信行为不仅对自身产生结果（受益或受损），还会对他人和社会造成影响（受益或受损）。旅游主体的守信行为，不仅强化主体之间的信任，还会强化利益相关者之间的信任，进而强化整个旅游业和社会的守信环境；反之，会产生消极的负面影响，影响整个旅游业和社会的诚信形象。

（3）旅游诚信的文化性和规范性

旅游业不仅是一种经济事业，更具有强烈的文化性质。对游客来说，一次旅游活动不仅仅是对好山、好水、好风光的观光，更是对充满地域特色的人文、历史等文化资源的体验。旅游是文化的载体，文化是旅游的灵魂。诚信是中华优秀传统文化价值观的重要组成部分，旅游诚信是旅游文化的核心价值。旅游诚信不仅是旅游活动的精神支柱和旅游经济的重要引领，也是旅游事业持续发展的文化基石。旅游诚信作为一种处理旅游活动中各类社会关系的行为准则，其规范性主要体现在各参与主体遵守旅游法律法规、遵守旅游合同和承诺、对旅游失信行为采取法律救济手段、对因客观因素导致未履行的旅游承诺采取积极的补救措施、善意对待旅游利益相关者等，在旅游活动中应对自己诚信、对利益相关者诚信、对社会诚信。

2.3 旅游诚信在旅游强国建设中的地位和作用

我国是旅游大国，旅游资源丰富，数据显示，截至2018年12月，全国共有景区景点3万多个（其中A级景区10 300多个，包括5A级259个、4A级3 034个），红色旅游经典景区300个，国家级旅游度假区26个，旅游休闲示范城市10个，国家生态旅游示范区110个，在建自驾车房车营地900多个。[23] 截至2019年年末，全国各类文化和旅游单位35.05万个，从业人员516.14万人，全国旅行社直接从业人员41.06万人；全国星级饭店10 130家；全国旅行社38 943个，比上一年增加2 940个。[24]

丰富的旅游资源有效地促进了旅游业高质量发展，在推进旅游业高质量发展进程中，旅游强国和幸福产业建设的底蕴和基石来自“诚信强旅”，旅游企业及其从业人员的诚实守信服务、游客文明诚信出游、政府监管部门的诚信执法和对失信行为的整治、社会公众对旅游失信行为的舆论谴责等，会进一步有力促进旅游资源的建设和效用的发挥，提升人们旅游的获得感、安全感、公平感和幸福感。因此，在旅游业高质量发展进程中，旅游诚信的地位和作用不容小觑。旅游诚信既是旅游强国建设的重要思想基石，也是加快文旅融合发展步伐，以文化人、以文促旅、以旅彰文的现实基础。

2.3.1 旅游诚信是旅游强国建设的思想基石

诚信作为中国传统的道德范畴之一，曾与仁义礼智并举，对中华民族的社会生活、思维方式、价值观念产生了重要推动作用。诚信不仅成为中华民族长久以来的精神追求和重要的道德规范，也成为世界范围内国与国之间文化、政治等各方面交往的基本原则和公民立身为人、处世交友、经济往来等重要的伦理根基。正如著名的英国社会学家安东尼·吉登斯（Anthony Giddens）所指出的，“信任最初源于人类个体的‘本体性安全’需求，是对他人或系统之可依赖性所持有的信心，它在新式的社会团结的建立、社会秩序的扩展方面起着本源性、基础性的作用”。[25] 可见，诚信作为思想基石覆盖社会生活的各个领域，当今，人无诚信则不立，业无诚信则不兴，国无诚信则不强，社会无诚信则不稳。

因此，在旅游强国建设中，必须构建以诚信为思想基础的旅游诚信体系，积极推进我国旅游诚信体系建设，认真剖析旅游失信行为产生的根源，在注重运用伦理道德约束的同时，更注重运用法律制度约束来实现。在旅游服务每一个节点和过程中，强化从业人员的诚信职业道德意识，形成人人以诚信为荣、以失信为耻的道德伦理氛围。同时，加大对失信行为的惩戒力度，提高旅游失信行为的违约、违法成本。通过自律和他律双管齐下，促使包括政府、企业、个人在内的活动主体，在旅游经济活动中恪守诚信、自觉守法，促进中国旅游业健康优质发展。

2.3.2 旅游诚信是旅游强国建设的价值导向

诚信作为一种价值观念，具有社会性、继承性和相对独立性，在一定的历史发展阶段，社会经济和政治共同决定着诚信文化的基本状态；同时，诚信文化的继承性和独立性也对社会经济、政治具有反作用力。

中国特色社会主义进入了新时代，我国社会主要矛盾已经转化为人民日益增长的美好生活需要和不平衡不充分的发展之间的矛盾。新时代赋予了诚信新的时代内涵。诚信作为社会主义核心价值观中关于公民个人层面的价值准则，要求人们诚实守信，即自觉守法、诚实劳动、信守承诺、诚恳待人。诚信，既是公民道德的基石和底线，也是社会运行的基本条件。

近年来，旅游业不仅成为拉动我国经济发展的重要动力，同时也成为衡量人民生活质量和幸福指数的民生产业。位列五大幸福产业之首，赋予旅游产业更重要、更光荣的使命——旅游业要让人民幸福。因此，旅游业发展不仅要考虑经济方面的诉求，更应该考虑社会方面的诉求，特别是人们通过旅游实现对幸福生活和美好事物的追求。2016年国务院办公厅出台的《关于加强个人诚信体系建设的指导意见》（国办发〔2016〕98号）中明确提出：以培育和践行社会主义核心价值观为根本，大力弘扬诚信文化，加快个人诚信记录建设，完善个人信息安全、隐私保护与信用修复机制，健全守信激励与失信惩戒机制，使守信者受益、失信者受限，让诚信成为全社会共同的价值追求和行为准则，积极营造“守信光荣、失信可耻”的良好社会氛围。

因此，在旅游强国建设中，必须秉承“旅游诚信”的价值导向，要以“零容忍”的态度，打击旅游失信行为，让人们在欣赏自然风光、名胜古迹、风土人情，以及了解中国历史文化、文学艺术、经济发展和科技进步等的同时，更加深刻地感受中国人民的诚信道德底蕴和诚信文化内涵，打造“中国旅游”品牌，满足人民对美好生活的向往，不断增强游客的旅游质量获得感和幸福感，促进中国旅游业迈向优质发展时代。

2.3.3 旅游诚信是旅游强国建设的文化表达

诚信作为中华传统文化的瑰宝，其文化内涵的表达十分丰富。例如：基于人的“社会性自我”而形成的个人“立道之本”，体现做人高尚品质的道德价值取向；基于“社会治理”而形成的“立政之本”，体现社会法治实施的制度价值取向；基于国家社会经济发展而形成的“立国之本”，体现“契约公平交易”原则的现代经济运行的市场价值取向等。诚信文化表达既要体现个人向善的品质，也要体现社会发展的诉求。

旅游业作为我国战略性支柱产业，作为宣传中国形象的窗口行业，旅游诚信文化表达的是中国人文素养情况、社会综合治理情况以及社会经济发展情况。

从个人层面来看，旅游从业人员的个体诚信行为影响着中国旅游企业的诚信形象。旅游从业人员的失信行为主要表现在：违反旅游合同而擅自增减活动项目；在服务质量上降低餐饮和住宿标准等；随意变更旅游活动行程等。这些失信行为成为游客投诉的理由，导致企业直接经济利益减少和形象受损。

从企业层面来看，旅游企业的诚信行为影响着旅游产业的整体诚信形象。旅游企业的失信行为主要表现在：旅行社“不合理低价游”；景点景区乱涨价乱收费；景点饭店违反合同约定的服务标准等。旅游企业的失信行为不但严重损害旅游者的利益，也严重损害旅游行业的整体形象。2018年全国共检查旅行社及其分支机构6.76万次，立案3 282件，罚款及没收违法所得3 481万元，吊销旅行社业务经营许可证108家。[26]旅游企业的诚信行为，既影响到旅游行业的诚信形象，也影响到国家的诚信形象。

旅游是新时代人民美好生活和精神文化需求的重要内容，是人民群众获得感和幸福感的重要体现，是展示国家形象和国民素质的重要窗口。良好的旅游市场秩序不仅是企业依法诚信经营和公民文明素养的集中反映，也是社会综合治理水平的集中体现。

同时，旅游业作为一个国家、地区、城市的窗口性服务产业，不仅代表着这个国家、地区、城市的形象和声誉，更代表着这个国家、地区、城市人民的素养、内涵和底蕴。因此在旅游强国建设中，必须加强旅游诚信体系建设，以文化人、以文促旅、以旅彰文，向全国乃至全世界人民展示旅游大国、旅游强国的整体风采和形象。

3 旅游市场失信行为表现与原因分析

3.1 旅游市场失信行为表现

3.1.1 旅游投诉情况分析

近年来，随着游客维权意识的增强、投诉受理渠道的增多和旅游监管力度的加强，游客投诉得到了较好的处理，进一步彰显了我国打击旅游失信行为的决心和力度。但是，屡见不鲜的旅游失信行为，在一定程度上，损害了游客合法权益，破坏了正常的市场秩序，影响了旅游业高质量发展。对游客投诉问题进行分析，有助于厘清问题，探析原因，更好地治理失信行为，促进旅游企业诚信经营，维护游客合法权益，推动旅游企业高质量发展。下面就人民网、中国质量万里行两大投诉平台发布的投诉数据，以及中国消费者协会发布的全国消协组织受理投诉数据进行阐释和分析。

（1）人民网旅游3·15投诉平台发布的相关投诉分析

①旅游投诉量稳中有降。

根据人民网旅游3·15投诉平台发布的有关数据，2015年至2019年，平台共收到有效投诉分别为1 467条、1 477条、1 150条、1 447条、1 172条，投诉量稳中有降（如图3-1所示）。

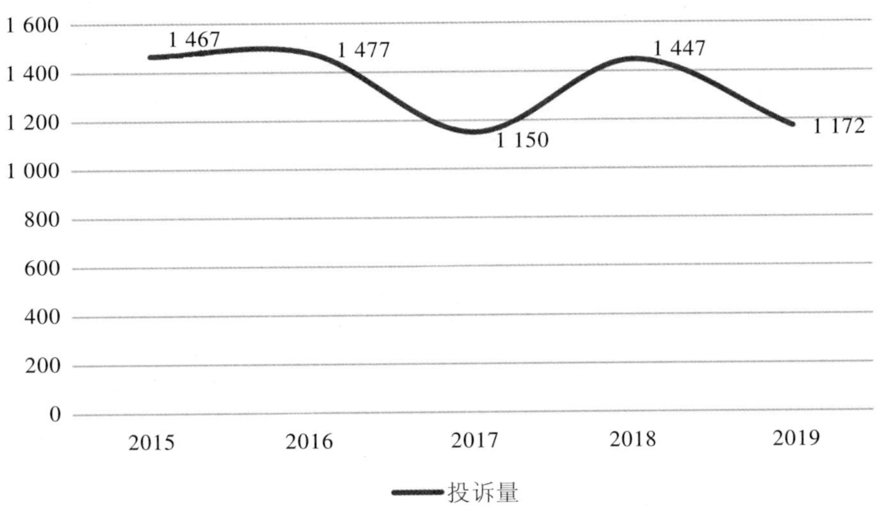

图3-1　2015—2019年全国旅游有效投诉量

②旅游投诉集中在旅行社、酒店、航空、导游、景区等领域，其中对航空、旅行社、酒店投诉较多。

根据人民网旅游3·15投诉平台发布的有关数据，2015年至2019年旅游投诉主要集中在旅行社、导游、景区、酒店、航空5个领域。从数据显示来看，旅行社投诉量呈现下降趋势（如图3-2所示）；导游、景区投诉量总体呈下降趋势，2019年略有回升（分别如图3-3、图3-4所示）；航空投诉量呈显著上升趋势（如图3-5所示）；酒店投诉量总体呈现上升趋势，2019年略有下降（如图3-6所示）。

③投诉内容主要集中在服务质量、旅游合同、产品质量等方面，其中机票退、改、签等成为投诉重灾区。

根据人民网旅游3·15投诉平台发布的有关数据，2015年至2019年旅游投诉内容主要集中在服务质量、旅游合同、产品质量等方面，具体表现为服务态度差，导游强迫购物，机票不能退改签、退改签费用高

图 3-2　2015—2019 年旅行社投诉量趋势图

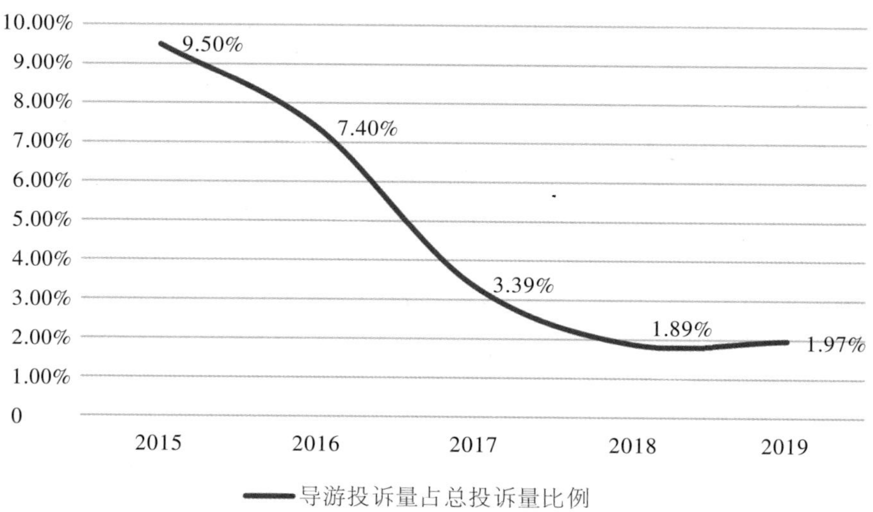

图 3-3　2015—2019 年导游投诉量趋势图

等。从表 3-1 可以看出，导游投诉减少，航空领域机票不能退改签、退改签费用高等成为投诉重灾区。

④投诉对象集中于在线旅游企业。

根据人民网旅游 3 · 15 投诉平台发布的有关数据，近年来对在线旅游企业（OTA）的投诉量越来越多，增长迅猛（如图 3-7、图 3-8 所示）。数据显示，2019 年涉及在线旅游企业的投诉达 963 条，占总投诉

图3-4　2015—2019年景区投诉量趋势图

图3-5　2015—2019年航空投诉量趋势图

量的82.17%。对在线旅游企业的投诉主要集中在航空和酒店领域，特别是机票不让退改签、退改签费用高，酒店预订后到店无房、酒店与描述不符、拒绝或拖延为消费者退费等方面成为投诉集中点。

近年来，携程旅行网、去哪儿网、飞猪网成为被投诉在线旅游企业前三位（如表3-2所示），其他被投诉较多的企业还有途牛、同程、马蜂窝、艺龙、驴妈妈、美团等，其中，近两年针对飞猪网的投诉量明

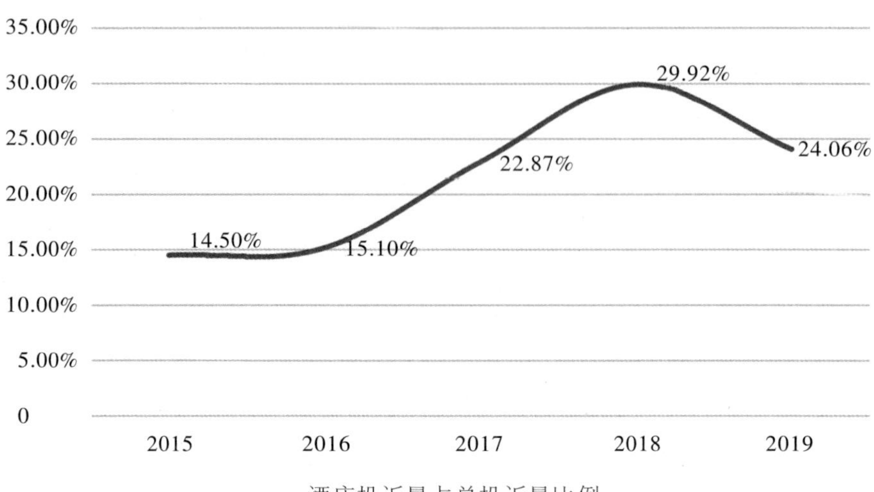

图 3-6 2015—2019 年酒店投诉量趋势图

表 3-1 2015—2019 年游客投诉主要内容

年份	投诉主要内容	投诉重灾区
2015	服务质量、产品质量、旅游合同、售后服务	导游强迫诱导购物、服务态度差、航班及酒店订单差错
2016	服务质量、旅游合同、产品质量	旅游合同与行程不符、导游强迫购物、服务态度差
2017	服务质量、旅游合同、航空机票、在线旅游平台	旅行社不按照合同履约而改变行程，酒店服务存在质量问题，导游强迫购物、服务态度差等方面；机票的改签退、默认搭售附加产品，酒店预订后到店无房、酒店与描述不符等在线旅游平台存在的问题
2018	服务质量、旅游合同、航空机票、在线旅游平台	机票不能退改签、退改签费用高、加价出票等
2019	服务质量、旅游合同、航空机票、在线旅游平台	机票不让退改签、退改签费用高等

显增多，排名也从 2017 年的第五位上升到 2018 年和 2019 年的第二位。

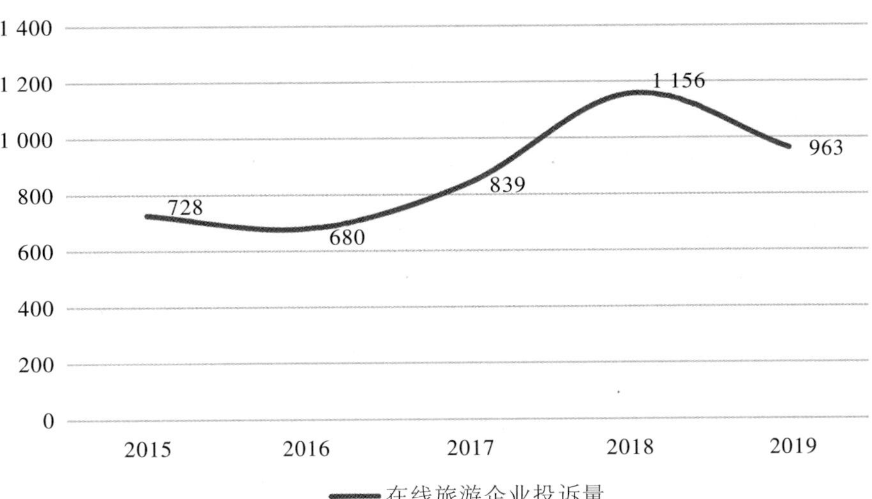

图 3-7　2015—2019 年在线旅游企业有效投诉量

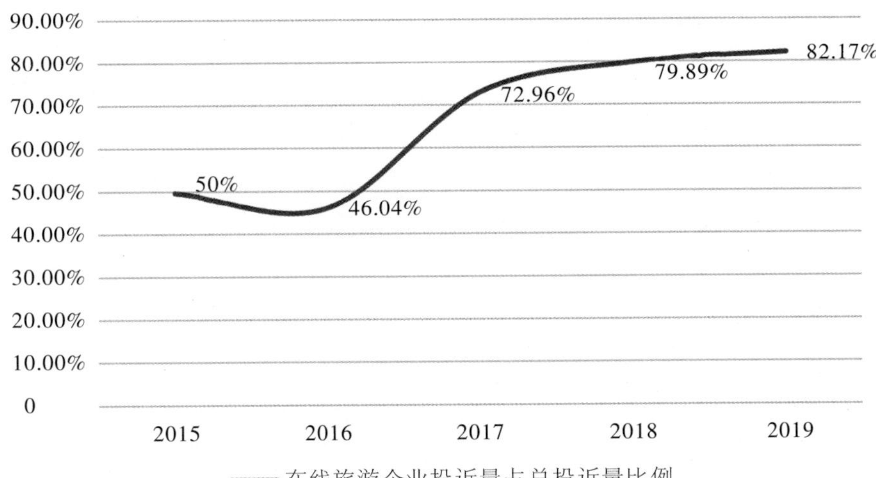

图 3-8　2015—2019 年在线旅游企业投诉量占比

表 3-2　2015—2019 年投诉排名前三位的在线旅游企业

年份	在线旅游企业（OTA）
2015	携程旅行网、去哪儿网、同程旅游网
2016	携程旅行网、去哪儿网、途牛旅游网
2017	去哪儿网、携程旅行网、飞猪网
2018	去哪儿网、飞猪网、携程旅行网
2019	去哪儿网、飞猪网 、携程旅行网

⑤投诉地域涉及省市投诉呈现下降趋势，其中云南、北京、广东居于投诉前三位。

根据人民网旅游3·15投诉平台发布的有关数据，近年来，平台收到的涉及省市投诉呈现下降趋势（如图3-9所示），而云南、北京、广东基本上是旅游投诉排名前三位（如表3-3所示），其中一直以来是被投诉“大户”的云南省，2018年投诉条数有明显下降，而北京市连续两年位居全国首位。

图3-9 2015—2019年涉及各省市投诉量趋势图

表3-3 **2015—2019年投诉排名前三位的省市情况一览表**

年份	排名	省市	收到投诉（条）	占比
2015	1	云南	233	31.53%
	2	北京	88	11.90%
	3	广东	62	8.39%
2016	1	云南	316	39.65%
	2	北京	88	11.04%
	3	广东	55	6.90%
	3	上海	55	6.90%

续表

年份	排名	省市	收到投诉（条）	占比
2017	1	云南	75	21.74%
	2	北京	46	13.33%
	3	广东	30	8.70%
2018	1	北京	40	13.75%
	2	广东	36	12.37%
	3	上海	32	11%
2019	1	北京	29	13.88%
	2	云南	28	13.4%
	3	广东	22	10.53%

⑥平台积极为游客挽回经济损失。

根据人民网旅游3·15投诉平台发布的有关数据，平台积极维护游客合法权益，努力挽回游客经济损失，2015年至2019年共挽回经济损失达1 420余万元，回复单位中携程旅行网、途牛旅游网、去哪儿网等帮助游客追回经济损失较多（如表3-4所示）。

表3-4　**2015—2019年挽回游客损失一览表**

年份	平台挽回损失（元）	追回损失排名	企业名称	追回损失（元）
2015	560 633.85	1	携程旅行网	219 278.85
		2	云南旅游执法总队	178 351
2016	554 605.29	1	携程旅行网	170 408.33
		2	途牛旅游网	163 347.71
2017	4 025 327.89	1	途牛旅游网	1 131 996.97
		2	携程旅行网	1 041 171.99
2018	4 355 617.05	1	去哪儿网	1 591 033.77
		2	携程旅行网	1 078 909.86
2019	4 715 100.67	1	去哪儿网	1 194 855.66
		2	携程旅行网	626 355.08

（2）中国质量万里行消费投诉平台发布的相关投诉分析

①旅游投诉量增长迅猛。

根据中国质量万里行消费投诉平台发布的有关数据，2017年至2019年，通过网站、微信、微博等端口共收到旅游行业有效消费投诉量分别为2 314件、3 306件和29 772件，增长迅猛，特别是2019年，比2018年上涨了8倍多（如图3-10所示）。

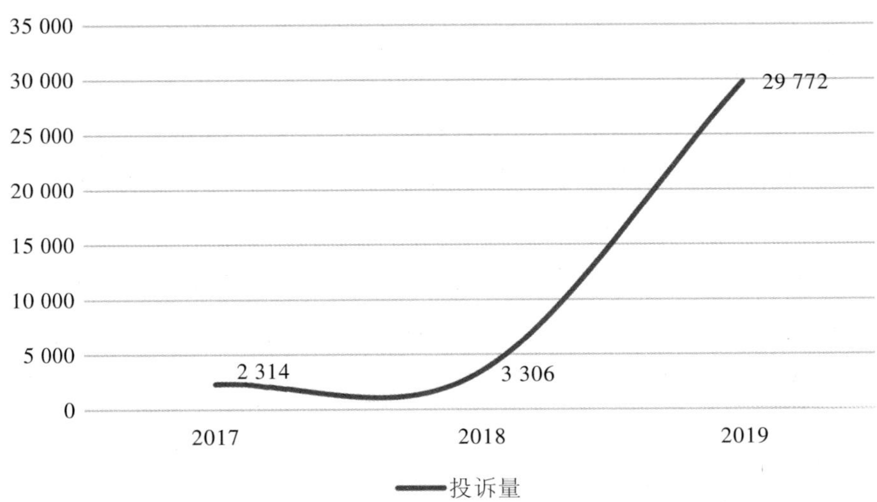

图3-10 2017—2019年全国旅游有效消费投诉量

②旅游投诉主要集中在酒店、航空、景点、旅行社等领域，其中对航空、酒店投诉较多。

根据中国质量万里行消费投诉平台发布的有关数据，2018、2019年旅游投诉主要集中在酒店、航空、景点、旅行社4个领域。从数据显示来看，酒店和航空投诉较多（如图3-11所示），2019年的酒店、航空投诉量，相比2018年分别增长27%和15%。

③投诉内容主要集中于服务质量、旅游合同等方面，其中票务问题成为投诉重灾区。

中国质量万里行消费投诉平台旅游行业的投诉数据统计显示，近年来，订单退款、客服服务、虚假宣传、票务捆绑搭售等成为投诉重灾区。

根据中国质量万里行消费投诉数据，2018年旅游行业投诉中，涉及

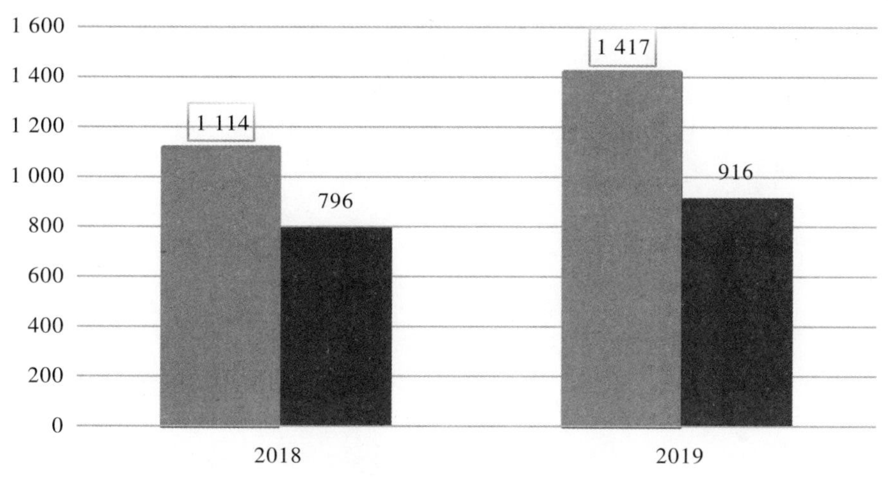

图3-11 2018—2019年酒店、航空投诉量

订单退款及取消的相关投诉为1 719件，占比52%；涉及客服服务的相关投诉为893件，占比27%。2019年旅游行业投诉中，涉及订单退款的相关投诉共13 154件，占比44%；涉及捆绑搭售的投诉共有2 692件，占比7%；多数集中于在线旅游平台的机票与火车票预订项目。此外，2019年旅游行业投诉中，旅游合同中含关键词“霸王条款”的投诉有2 110例，其中消费者投诉集中反映在航空机票、酒店、民宿不退款等项目上。

另外，根据近两年中国质量万里行消费投诉数据，1月和3月为月度旅游行业消费投诉量最多的两个月份。2018年、2019年投诉量峰值都出现在3月，分别为546件和5 028件（如图3-12、图3-13所示），主要是春运订票的相关投诉问题。

（3）中国消费者协会发布的相关受理投诉分析

根据近年来中国消费者协会发布的全国消协组织受理投诉数据，旅游消费投诉主要呈现出以下特点：

①旅游服务投诉呈现稳中有升态势。

根据中国消费者协会发布的全国消协组织受理投诉情况统计，2015—2020年全国消协组织共受理消费者旅游服务投诉分别为4 646件、4 500件、4 101件、8 487件、7 772件、17 080件。无论是从旅游

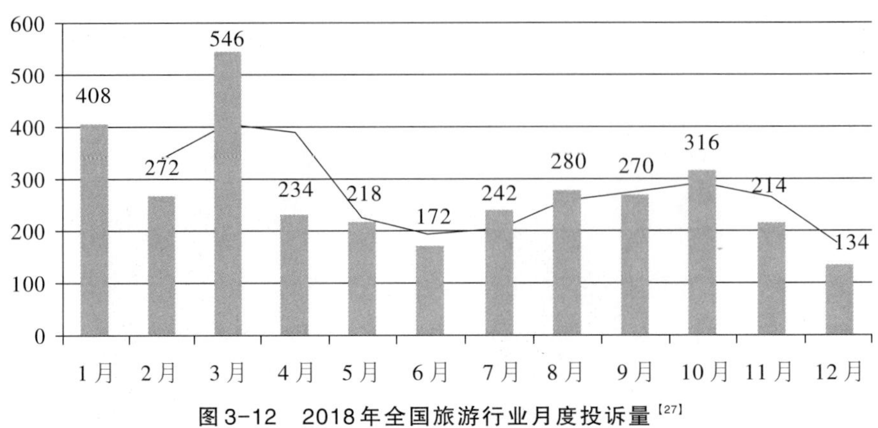

图3-12　2018年全国旅游行业月度投诉量[27]

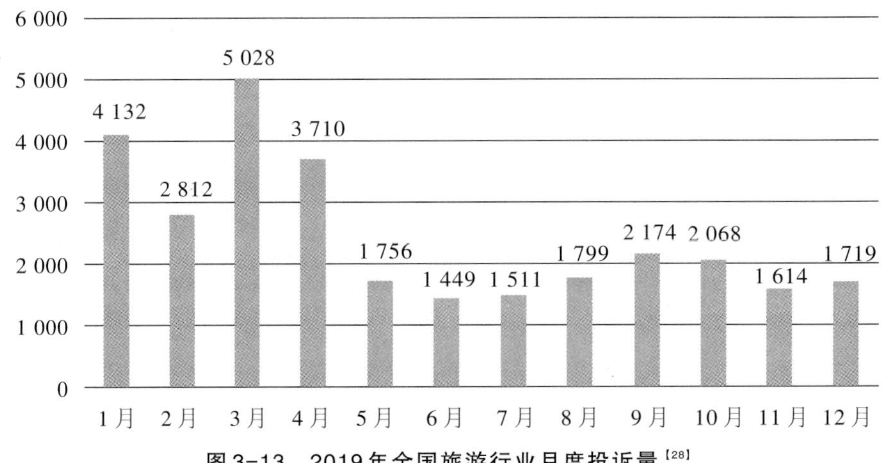

图3-13　2019年全国旅游行业月度投诉量[28]

服务投诉量自身来看，还是从其占总投诉量的比重来看，旅游服务投诉均呈现出稳中有升的趋势（如图3-14、表3-5所示）。其中，2020年上半年投诉量增加较多，主要是受新冠肺炎疫情影响，消费者大量集中取消聚餐和出行计划，因此交通运输、旅游、餐饮服务三项的投诉增加幅度较大，分别同比增加519.4%，210.9%，172.5%[29]。

②旅游服务投诉主要集中于合同、售后服务、质量、价格、虚假宣传等问题，其中合同、售后服务和质量问题是引发投诉的主要原因。

根据中国消费者协会发布的全国消协组织受理投诉情况统计，旅游服务投诉主要集中于合同、售后服务、质量、价格、虚假宣传、安全、假冒、人格尊严、计量等问题，如表3-6所示。

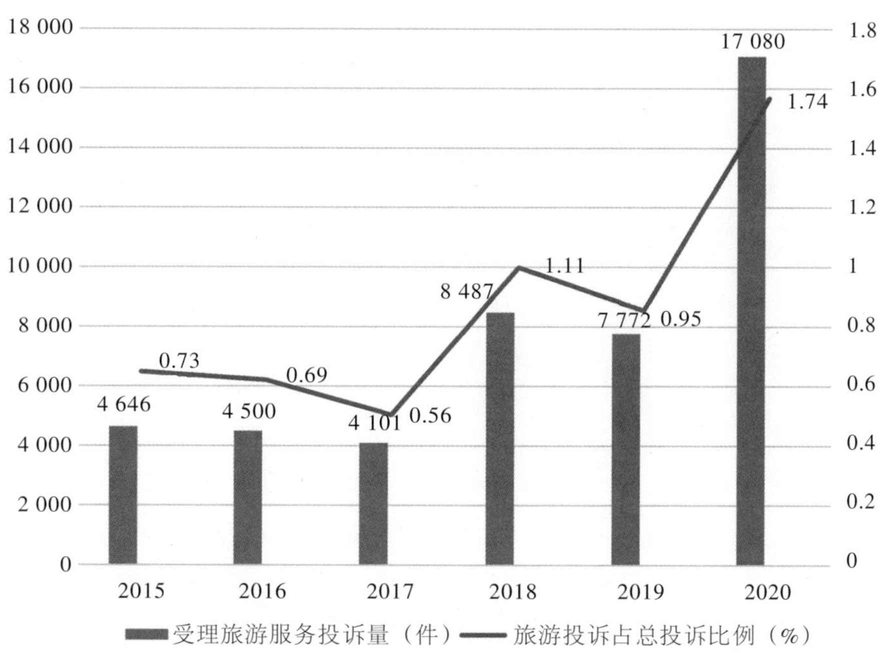

图 3-14　2015—2020 年旅游服务投诉情况

表 3-5　2015—2020 年旅游服务投诉情况一览表

年度	受理投诉总量（件）	受理旅游服务投诉量（件）	投诉比重（%）	比重变化（%）
2020	982 249	17 080	1.74	↑ 0.79
2019	821 377	7 772	0.95	↓ 0.16
2018	762 247	8 487	1.11	↑ 0.55
2017	726 840	4 101	0.56	↓ 0.13
2016	653 505	4 500	0.69	↑ 0.03
2015	639 324	4 646	0.73	↑ 0.48

（资料来源：根据中国消费者协会 2015—2020 年发布的全国消协组织受理投诉情况报告整理得出）

表3-6 2018—2020年全国消协组织受理旅游服务投诉统计一览表（件）

年份	类别	总计	质量	安全	价格	计量	假冒	合同	虚假宣传	人格尊严	售后服务	其他
2020	旅游服务	17 080	674	259	6 446	87	37	5 024	336	42	3 449	726
2019	旅游服务	7 772	768	281	723	5	204	2 645	769	70	1 888	419
2018	旅游服务	8 487	799	341	598	31	345	2 612	1 053	90	2 195	423

（资料来源：根据中国消费者协会2018—2020年发布的全国消协组织受理投诉情况报告整理得出）

根据中国消费者协会发布的全国消协组织受理投诉数据，在2018年、2019年、2020年全国消协组织受理的旅游服务投诉问题中，有关合同、售后服务、质量、价格等问题成为投诉重灾区（分别如图3-15、图3-16、图3-17所示）。其中2020年投诉价格和合同问题的，共有11 470件，占比高达67.15%，究其原因主要是受新冠肺炎疫情影响，包括行程取消、航班缩减等不能按合同约定履行引发的手续费收取不合理、不全额退款、退款延迟、费用计算不妥等问题。2018—2020年旅游服务主要投诉问题一览表见表3-7。

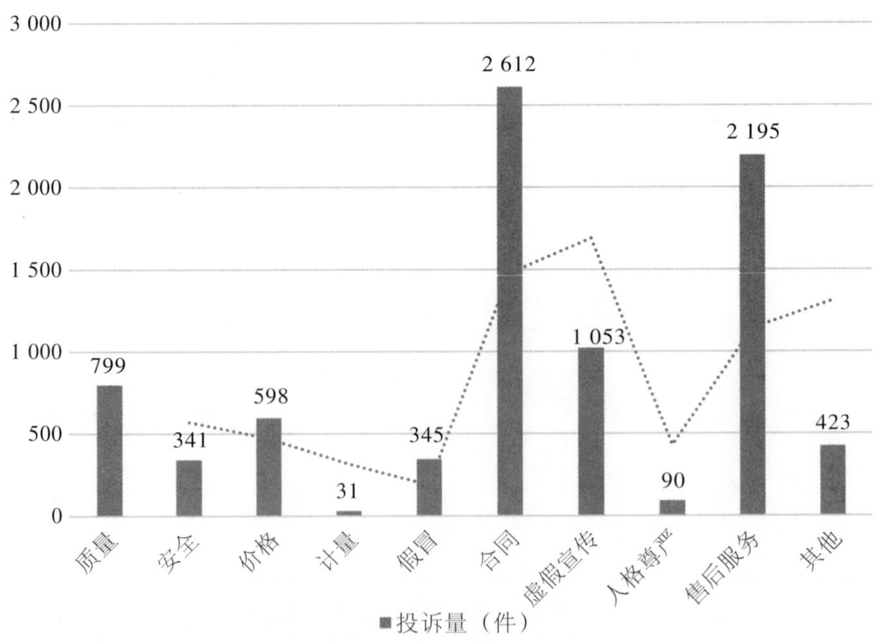

图3-15 2018年旅游服务投诉主要问题

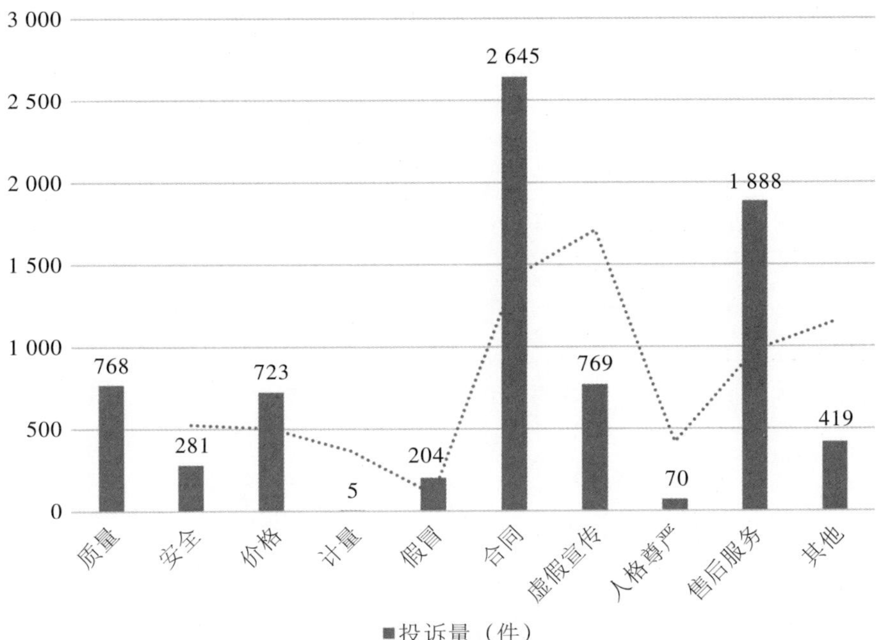

图3-16　2019年旅游服务投诉主要问题

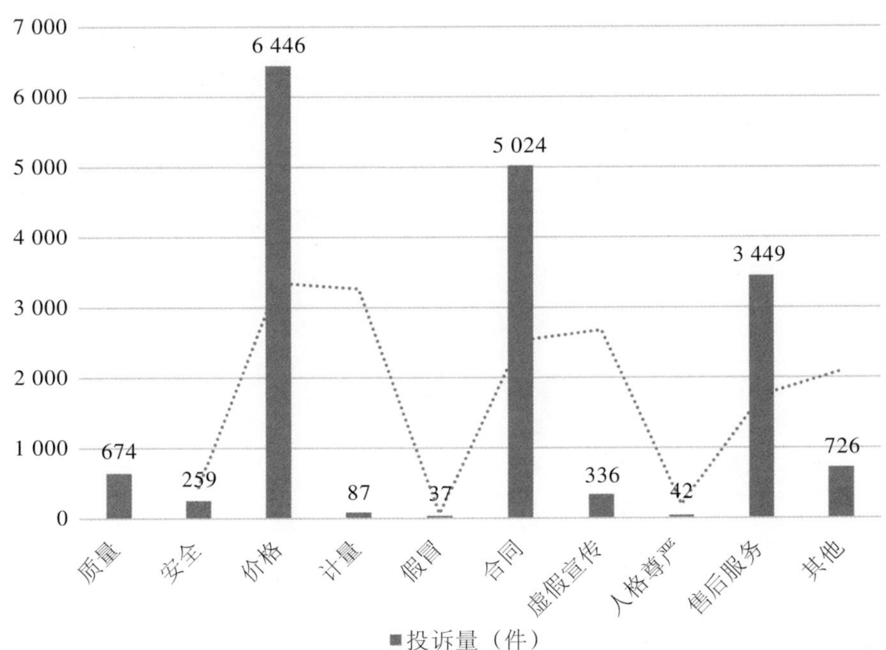

图3-17　2020年旅游服务投诉主要问题

表3-7 2018—2020年旅游服务主要投诉问题一览表

年份	投诉总计	合同问题		售后服务问题		价格问题		质量问题	
		投诉量（件）	占比（%）	投诉量（件）	占比（%）	投诉量（件）	占比（%）	投诉量（件）	占比（%）
2020	17 080	5 024	29.41	3 449	20.19	6 446	37.74	647	3.79
2019	7 772	2 645	34.03	1 888	24.29	723	9.30	768	9.88
2018	8 487	2 612	30.78	2 195	25.86	598	7.05	799	9.41

（资料来源：根据中国消费者协会2018—2020年发布的全国消协组织受理投诉情况报告整理得出）

此外，根据文化和旅游部发布的《2020年旅游投诉分析报告》，2020年共收到有效旅游投诉49 534件，同比增长47.43%，旅游投诉总量同比增长幅度大。其中，全年涉及新冠肺炎疫情的旅游投诉为19 624件，占比39.62%，主要集中在退订退费等问题上，要求全额退订退费的为9 557件，占比48.70%。从投诉领域来看，投诉主要集中在旅行社、景区和在线旅游企业。其中，旅行社占52.63%，景区占21.91%，在线旅游企业占17.5%，住宿占7.23%，导游和领队占0.31%。从投诉内容来看，除涉及新冠肺炎疫情的投诉外，不按合同约定标准履约是旅行社服务质量存在的突出问题；景区投诉主要集中在工作人员的服务问题上；对在线旅游企业的投诉主要集中在机票和住宿产品预订、退订问题上；人员服务不佳是住宿产品服务质量的突出问题；态度和言语不良是投诉导游和领队的主要问题，占导游和领队投诉总量的53.64%。[30]

3.1.2 旅游失信行为的主要表现

综上不难看出，游客投诉反映的旅游失信行为，突出表现在合同、质量、服务三大方面。

（1）旅游合同类问题

旅游合同是指当事人之间为实现旅行目的，秉承诚信原则而订立的用于明确相互间权利与义务关系的协议。随着现代信息技术的发展，越来越多的游客采取网上下单的方式订购旅游产品。根据《中华人民共和国民法典》（自2021年1月1日起施行）第四百九十一条的规定，当事人采用信件、数据电文等形式订立合同要求签订确认书的，签订确认书时合同成立。当事人一方通过互联网等信息网络发布的商品或者服务信息符合要约条件的，对方选择该商品或者服务并提交订单成功时合同成立，但是当事人另有约定的除外。合同的签订和实施应当遵循自愿、平等、诚实、守信的原则。在实践中，旅游合同失信行为主要体现在以下方面：

①虚假合同的失信行为。

这种行为的主要表现为：有些旅游企业没有经营资质或者超越经营范围，与游客签订虚假合同；有些旅游企业通过线下或线上平台，故意隐瞒真实情况，发布虚假广告和信息招徕游客，欺骗游客与之签订虚假合同等。

《广西质量监督导报》就曾有过一个关于无证经营、欺骗游客的报道。2018年3月7日，四川省市场监督管理局官网发布了四川省市场监督管理局、四川省旅游发展委员会“红盾春雷行动2018治理旅游消费环境”典型案例，其中案例八属于较为典型的虚假旅游合同失信行为。具体案情如下：

北京某信息技术有限公司在未取得《旅行社业务经营许可证》的情况下，于2017年9月至12月期间，分3次组织旅游者赴阿拉伯联合酋长国旅游。后被查出当事人的上述行为违反了《中华人民共和国旅游法》的相关规定。2018年2月2日，成都市旅游局依法责令当事人停止违法行为，对其处以没收违法所得4 556元、罚款20 000元的行政处罚；对该公司法人代表处以罚款2 000元的行政处罚。（资料来源：四川省发布“红盾春雷行动2018——治理旅游消费环境”典型案例［J］. 广西质量监督导报，2018（4）：40-42.）

在搜狐网上，也曾出现过布拉旅行骗取客户预付款的新闻。悦行信息科技（上海）有限公司成立于2012年3月，布拉旅行是其旗下的移动端电商，主要采取“预售+预约”的经营方式售卖低价旅游产品。

2017年，上海市消保委陆续接到众多消费者投诉布拉旅行不履行合同约定。主要投诉布拉旅行通过微信公众号、微博、App等渠道低价招揽客户，并以预收款方式销售旅游产品，当消费者在向其确认具体行程时，该公司以种种理由拒不履行合同约定，而且迟迟不予退款。据统计，2017年1月至2018年2月，关于布拉旅行的投诉高达4 800余件。

上海市消保委调查发现，布拉旅行商业模式存在重大缺陷，危及消费者预付款安全，遂对其侵害消费者合法权益的行为予以批评，同时对消费者作出警示提醒。随后，公安部门介入调查。调查显示，至2017年年底案发，布拉旅行骗取客户预付款1.8亿余元。2018年3月5日，浦东新区人民检察院依法以涉嫌合同诈骗罪对犯罪嫌疑人批准逮捕。浦东新区检察院表示，布拉旅行在明知公司无实际履行能力的情况下，仍以低于成本价的价格进行超卖，以负债来维持公司运作。该行为违反诚实信用原则，以骗取消费者钱款为目的，不仅违反了《中华人民共和国消费者权益保护法》，更是一种犯罪行为，不法经营者必将为其行为承担严重后果。（资料来源：刘素楠. 上海消保委2017年投诉十大案例：布拉旅行骗款1.8亿上“黑榜”［EB/OL］.［2018-03-12］. https：//www.sohu.com/a/225358203_313745.）

②不平等、不完备合同的失信行为。

这种行为的主要表现为：有些旅游企业在为游客提供旅游服务时常通过采用格式化合同“技术处理”等手段，来增加对自身有利的条款，如霸王条款、免责条款、解释权归属公司条款等，或者掩盖合同条款不完整、责任不明确如缺乏明确的违约条款等问题。

《北京晨报》曾经刊登过这样一个案例。2014年1月，赵女士与某旅行社签订了2月9日去巴厘岛的旅游合同，并支付了1.5万元。后因家中老人重病无法成行，欲解除该旅游合同，并自愿承担一部分合理损失，同时要求旅行社退还剩余费用。但是该旅行社表示按照合同约定，“出发前6日至4日，按旅游费用总额的70%赔偿旅行社损失”，赵女士不同意。

后经法院审理认为，该旅行社提供的格式条款明显加重了旅游者一方的责任，有失公平，最终判令旅行社将70%的剩余团费，即10 500元余款退还给了赵女士。（资料来源：黄晓宇. 三季度旅游诉讼占全年七成 霸王条款成涉诉重点［N］. 北京晨报，2015-07-03.）

③合同履行、变更的违约失信行为。

这种行为的主要表现有：有些旅游企业违反合同约定，随意变更行程、提高旅游项目价格、降低服务档次和服务标准等；有些导游不按合同约定，在未征得当事人同意的情况下，擅自改变团队日程，减少或变更旅游线路，擅自收取费用增加参观项目，擅自增加用餐、娱乐、医疗保健等项目；有些导游违反规定，在带团的过程中误导游客购物，或以明示、暗示的方式向旅游者索要小费，甚至采取暗地威胁的方式等；有些旅游企业之间未按约定履行合同，存在如相互拖欠旅游款、代垫款、住宿费、餐费等三角债问题。

中国日报网曾经有过天津消协帮助游客获赔5 000元的案例报道。2015年1月，消费者陶女士代表一家7人与卓翔旅行社签订了海南三亚双飞五日游的旅游合同。2月4日，在陶女士一行游玩途中，旅行社负责人电话询问是否同意将原定于2月5日17时10分返津的航班，更改为同日7时30分返津的航班。陶女士拒绝更改，旅行社表示按原计划安排航班。

2月5日14时，陶女士等人到机场办理登机手续时发现，没有他们7人的购票记录，无法登机。经与旅行社联系，陶女士等人不得不改订了当日由海南三亚飞往北京的航班，后因航班晚点等，直到2月6日7时30分才安全抵津。

返津后，陶女士向卓翔旅行社投诉，要求旅行社依据合同对其进行经济赔偿，共计9 060元。但是旅行社认为，机票是旅行社委托机场工作人员购买的，未能购票也是机场工作人员的问题，自己并无过错，但出于对陶女士等的同情，可以给予2 000元的补助。后经调查，由于旅行社在服务过程中存在服务瑕疵，因此导致陶女士及家人延迟返津，旅行社应对陶女士进行一定的经济赔偿。最终，双方达成一致，旅行社一次性赔偿陶女士5 000元。（资料来源：杨舒文. 旅游归途延误航班 天津消协帮助游客获赔五千元［EB/OL］.［2015-03-31］. http：//www.chinadaily.com.cn/dfpd/tj/2015-03/31/content_19964222.htm.）

《云南日报》也曾刊登过导游强迫交易而被判获刑的案例。2018年6月10日，云南西双版纳傣族自治州景洪市人民法院对被告人李云强迫交易案进行一审公开宣判，对被告人李云以强迫交易罪判处有期徒刑6个月，并处罚金人民币2 000元。宣判后李云当庭表示认罪、悔罪，接受法院的判决。

经审理查明：2017年12月13日至15日，被告人李云受昆明云迪国际旅行社聘用，在云南省景洪市为所带游客提供导游服务并带游客到定点商家消费过程中，为达到追使游客消费的目的，采取辱骂、威胁、对不参加消费的游客不发放房卡、对与其发生争执的游客驱赶换乘车辆等手段，强迫8名游客购买商品、消费“傣秀”自费项目，强迫交易金额达15 156元，情节严重。

被告人李云强迫交易的视频于2017年12月17日在网上发布后，至12月29日该视频被60多家媒体网站、论坛和微信公众号转载报道，网民阅读总量17 000余次，相关帖文680余条，转发8 250余次，评论16 200余条，李云强迫交易的行为造成恶劣的社会影响。

景洪市人民法院审理后认为，被告人李云的行为已经触犯《中华人民共和国刑法》第二百二十六条（一）、（二）项、第六十七条第三款、第四十七条之规定，构成强迫交易罪，但被告人对自己的行为过错有较好认识，能主动坦白认罪，依法可以从轻处罚，遂作出上述判决。（资料来源：戴振华. 云南景洪市法院一审公开宣判被告人李云强迫交易案［N］. 云南日报，2018-06-11.）

④隐蔽捆绑搭售的合同违约失信行为。

捆绑搭售是将两种及以上的产品捆绑起来的销售和定价方式，在明示消费者后并经同意购买，则契约合法有效。近年来，有些旅游企业特别是在线旅游企业，采取隐蔽方式，在消费者不知情的情况下，进行旅游产品捆绑搭售，主要表现为在线旅游平台的默认搭售、强制套餐项目变相捆绑搭售等，侵犯了消费者的合法权益。

2017年10月9日，知名艺人韩雪在其微博中晒出一张携程订单，并发文投诉携程旅行网在购票环节中存在隐藏的捆绑消费。

10月10日，携程旅行网宣布对机票产品进行紧急整改，推出了“普通预订”窗口，客户在“普通预订”中可随时勾选取消保险等。10月13日，携程旅行网再次发表声明，同时表示，将继续与用户保持持续的沟通，倾听各方意见和建议，充分尊重用户的选择权和知情权，不断优化机票预订体验，欢迎广大用户和媒体的监督。

（2）旅游质量类问题

质量原为物理学的一个名词，后被广泛地应用到各个科学领域，一般表示“事物、产品或工作的优劣程度”[31]。从供给视角来看，质量一般是指产品或服务的特性符合给定的规格要求，属于符合性质量。[32]这些要求需要明示，凡有不符合的地方，就表明缺乏质量，这样质量问题就转换成不符合要求的问题[33]。从需求视角来看，质量一般是指产品或服务满足用户的期望，属于适用性质量。[34]如美国质量专家约瑟夫·M.朱兰（Joseph M. Juran）提出，质量就是“产品在使用时能够成功满足用户需要的程度”[35]。

旅游是一种以消遣、休闲等娱乐为目的，游客离开自己的日常居住地，到异地作非定居性旅行和暂时停留的社会活动。旅游业是典型的服务业，旅游质量一般是指旅游产品或服务满足旅游者的明确或隐含需要的能力的特征和特征的总和，它通过增值服务为消费者带来享受和愉悦。

从供给角度来看，旅游质量是指旅游企业提供的产品或服务特性符合给定的规格要求，即提供的旅游产品（服务）的特性符合现行的国家、行业、地方或企业出台的规定和规范。例如，现行《非公路旅游观光车安全使用规范》（GB24727—2009）等强制性国家标准，现行的43个推荐性国家标准，如《旅游度假租赁公寓基本要求》（GB/T 38547—2020）、《老年旅游服务规范——景区》（GB/T 35560—2017）、《旅游厕所质量等级的划分与评定》（GB/T 18973—2016）、《旅行社产品通用规范》（GB/T 32942—2016）、《旅行社出境旅游服务规范》（GB/T 31386—2015）、《旅游景区游客中心设置与服务规范》（GB/T 31383—2015）、《旅游餐馆设施与服务等级划分》（GB/T 26361—2010）、《旅游客车设施与服务规范》（GB/T 26359—2010）、《旅游购物场所服务质量要求》（GB/T 26356—2010）、《旅游饭店星级的划分与评定》（GB/T 14308—2010）、《导游服务规范》（GB/T 15971—2010）等，以及现行的行业推荐标准，如《温泉旅游水质卫生要求及管理规范》（LB/T 081—2020）、《旅行社出境旅游服务质量》（LB/T 005—2002）、《旅游民宿基本要求与评价》（LB/T 065—2019）、《旅行社旅游产品质量优化要求》（LB/T 073—

2019)、《自驾车旅居车营地质量等级划分》(LB/T 078—2019)、《自驾游目的地等级划分》(LB/T 077—2019)、《旅行社国内旅游服务质量要求》(LB/T 004—1997)、《旅游汽车服务质量》(LB/T 002—1995)、《星级饭店客房客用品质量与配备要求》(LB/T 003—1996)等。

从需求角度来看,旅游质量是指旅游企业提供的产品或服务满足游客需求的程度,即游客通过比较其接受的产品或服务水平与期望目标得出的对某一特定服务的感知。游客在旅行过程中,通过吃(餐饮)、住(旅馆、酒店、民宿)、行(交通、通信)、游(景区景点、导游服务、线路安排)、购(购物)、娱(娱乐)等体验,进行其预期质量同感知质量的差距比较,差距小则满意度高,旅游质量好;反之,则旅游质量差,游客投诉多。

在实践中,从游客感知角度,旅游质量失信行为主要表现在以下4方面:

①“零负团费”的旅游失信行为。

一直以来备受诟病的“零团费”“负团费”问题,表面上看旅游企业分文不赚只收成本价,甚至低于成本价收费,导游和旅游服务成为一种免费乃至贴钱的活动,但是事实上,导游和旅游服务费用会通过游客购物及旅游自费项目等活动收取。因此,这种打着低价策略的“零负团费”在很大程度上具有欺骗性,扰乱了市场秩序,影响了旅游企业的诚信形象和声誉。

②质价不符的旅游失信行为。

俗话说“一分钱一分货”,游客希望购买到质价相符的旅游产品。质价不符的失信行为主要表现为:有的旅游企业使用准三星级、准四星级、申报4A景区等模糊表达,让游客对产品质量难以准确辨别;有的旅游企业对其提供的旅游项目的质量没有具体说明,让游客无从判断;有的旅游企业故意忽略产品不足,夸大粉饰产品品质,隐瞒事实欺骗游客;有的旅游企业以旺季游客多、资源紧张等为托词,故意降低旅游质量而获取不当收益等。

③质量不达标的失信行为。

质量不达标的失信行为主要表现为一些旅游企业如星级酒店、A级景区等存在安全隐患严重、环境卫生差、设施设备不完善或陈旧、管理不规范、旅游秩序混乱等问题，达不到国家评定的质量等级。从游客感知的角度来看，尽管游客不能准确地把握不同等级质量标准的要求，但是旅游经验使他们能够区分不同等级质量标准的差异，能够通过旅游交通、设备设施、安全措施、环境卫生、员工素质等感知质量达标与否。

文化和旅游部网站公布的数据显示，截至2019年年底，全国星级饭店管理系统中共有星级饭店10 003家，其中一星级62家，二星级1 658家，三星级4 888家，四星级2 550家，五星级845家。[36] 2019年有29家五星级酒店被“摘星”，涉及喜来登、希尔顿、雷迪森等多个知名酒店品牌。[37] 2019年年末，全国共有A级旅游景区12 402个，5A级景区280家。其中，2019年全年复核景区总数超过5 000家，对7家5A级旅游景区、1 186家4A级及以下等级景区做出处理。[38]

2018年11月14日，一位叫“花总”的微博用户，在新浪微博客户端上发了一则标题为“杯子的秘密：你所不知道的酒店潜规则”的视频。视频中曝光了北京、上海、南昌、福州、贵阳等地14家五星级酒店，都存在用同一块脏抹布、顾客用过的脏浴巾等擦拭杯子、洗手台、镜面等卫生乱象。视频播出之后在网上引起轩然大波，数万网友评论。中国消费者协会随后就此发表声明，要求对曝光的存在使用一块清洁布擦杯子、洗手台、镜面甚至是马桶等问题的星级酒店，进行摘星降级。

之后，文化和旅游部发文称，对涉事酒店进行了排查。最后，根据各地调查结果发现情况属实，依据《公共场所卫生管理条例实施细则》第三十六条，北京康莱德酒店、北京柏悦酒店、上海宝格丽酒店、浦东文华东方酒店、上海丽思卡尔顿酒店、上海外滩华尔道夫酒店、上海世茂皇家艾美酒店、上海四季酒店、上海璞丽酒店、南昌喜来登酒店、福州香格里拉酒店11家酒店被警告并罚款2 000元，北京颐和安缦酒店被警告并罚款15 000元。贵阳喜来登贵航酒店对辖区卫生部门做出的2万元处罚初步决定表示不服，要求听证，后经举行听证会，合议结果维持原处罚决定。（资料来源：①杯子的秘密，百度百科；②佚名．“杯子的秘密”曝光之后：北京卫监部门突查被曝光酒店［EB/OL］．［2018-11-15］．https：//www.thepaper.cn/newsDetail_forward_2636788；③佚名．拿花总浴巾擦杯子　贵阳喜来登终被罚款两万［EB/OL］.［2019-01-22］. https：//user.guancha.cn/main/content? id=73735&page=4.）

④旅游购物中假冒伪劣商品的失信行为。

旅游途中，旅游者跟团旅游买到假冒伪劣产品的事情时有发生。根据《中华人民共和国旅游法》的相关规定，禁止旅游企业强迫旅游者购物或单方指定具体的购物场所，但是经与旅游者沟通，双方就购物事项协商一致或者旅游者主动提出购物要求的，在不影响其他旅游者的行程安排，并作出妥善安排情况下可以安排购物。旅游者在约定的购物场所购买到假冒伪劣商品的，根据《旅行社服务质量赔偿标准》第十条的规定，旅行社应负责挽回或者赔偿旅游者的直接经济损失。旅游者应提供正规的购买凭证，证明买卖合同关系；提供国家认可的权威鉴定部门的鉴定意见，证明商品是否属于假冒伪劣；旅游者举证不能的，应承担不利于自己的后果。旅游购物的假冒伪劣失信行为主要表现为诱骗旅游者安排其到非约定的购物场所购物，从而导致旅游者购买了假冒伪劣商品，以及导游与商家合谋欺骗旅游者购买假冒伪劣商品等。

2019年1月21日，游客党某在B旅行社带团导游的带领下，按照旅行社的行程安排到越南某乳胶垫和翡翠店购物。经过选购，他分别以人民币24 800元、7 143元的价格，购买了该店乳胶垫和翡翠手镯。越南乳胶垫和翡翠店所提供的货物鉴定书上明确写有所购乳胶垫为100%天然乳胶、翡翠手镯为天然翡翠。

返程后，党某到北京某检测机构对所购买的乳胶垫和翡翠手镯进行检验，结果显示：所购“乳胶垫”为人工合成产品，只含有50%的天然乳胶；所购“翡翠手镯”为人工合成产品。于是，党某向旅行社投诉，认为旅行社应负责退货，并按照商品价款双倍返还。经法院调解，B旅行社向党某返还31 943元货款，其他诉求不予以支持。

（3）旅游服务类问题

旅游服务一般是指通过线上或线下方式，为旅游者提供交通服务、住宿服务、餐饮服务、导游服务等活动。旅游服务涵盖的内容广泛，包括：为旅游者提供在线预订酒店、机票、火车票、船票、汽车票、场所门票等服务；为旅游者提供线路定制安排服务；为旅游者提供目的地游览的吃住行服务；为旅游者提供游览导游讲解服务，以及当旅游者遇到特殊情况需要得到服务人员的帮助等。在实践中，旅游服务失信行为主要表现在以下四方面：

①旅游预订服务的失信行为。

旅游预订服务的失信行为的主要表现是：旅游企业为旅游者提供在线预订酒店、机票、火车票、船票、汽车票、场所门票等服务时，误导旅游者，进行虚假预订、机票等不退不改、宣传虚假旅游信息、发布违法违规信息内容、侵犯个人隐私，非因不可抗力因素改变预订等。

②旅游安全服务的失信行为。

旅游安全服务的失信行为的主要表现是：旅游企业在旅游过程中未能及时排查旅游产品和服务中的安全隐患，未能切实做好旅游安全宣传、风险预案、风险预警、安全防范、应急处置等工作，旅游者人身、财物安全受到威胁或损失等。

法制网在2020年1月曾报道过游客马先生在瑞典斯德哥尔摩参团旅游期间放于旅游大巴车内的行李丢失的纠纷处理案件。

法院审理诉讼后认为，根据报案记录及当事人马先生的陈述可以认定，事发于旅行社安排游客的用餐时间，且大巴车当时处于上锁状态，故在离开时间相对较短的情况下，旅游者将行李物品放置在大巴车内，符合客观情况且具有合理性。因大巴车司机擅自离开，未尽到安全保障义务和合理注意义务，导致包括马先生在内的游客行李被盗，故马先生现要求旅游公司赔偿其因此导致的相关损失，有事实和法律依据，应当予以支持。从报案记录以及马先生自己所列丢失物品清单的内容看，诸如护照、身份证等在出国旅行过程中必须随时随身携带的物品，马先生亦连同其他行李一并放置在大巴车内，人为加大了贵重物品丢失的风险。因此，法院判令旅游公司应承担80%的责任，马先生应承担20%的责任。最后，法院综合案情后，判令旅游公司赔偿马先生财产损失5.6万元。（资料来源：徐伟伦.境外游纠纷种类多理缘由依法定责任［EB/OL］.［2020-01-06］. http://www.legaldaily.com.cn/index/content/2020-01/06/content_8092083.htm.）

③旅游行程服务的失信行为。

旅游行程服务的失信行为的主要表现为：旅游企业及其工作人员在

旅游者游览过程中，未遵守诚实守信原则，没有尽职尽责，工作态度不佳，工作热情、工作规范度等不高，工作中随意性较大，如导游、司机擅自“套团”接待旅游者；导游讲解主要围绕自费项目或购物展开；讲解员“机械式”或“放羊式”讲解；冬夏两季，有些司机故意关闭空调，或以中途休息为由要求旅游者下车，变相要求旅游者参加自费项目等，以及在旅行中遇到突发紧急情况，应急措施跟不上、服务态度差等。

④旅游售后服务的失信行为。

旅游售后服务的失信行为的主要表现是：旅游企业及其工作人员在旅游售后服务中，未遵守诚实守信原则，工作态度不佳，工作热情、工作规范度等不高，如受理旅游投诉不规范、服务态度差、处理旅游投诉不及时、客服人员服务的专业性不高、制造虚假售后好评信息等。北京市消协发布的《2015年度在线旅游消费者满意度调查报告》显示，多数被调查者对在线旅游售后服务不太满意或不满意。其反映的问题主要包括：79.38%的被调查者认为退改票费比例不合理，67.37%的被调查者认为投诉处理不及时，65.96%的被调查者认为退订手续不便利，39.55%的被调查者认为客服人员不够专业。[39]

3.2 旅游市场失信行为原因探析

综上可以看出，旅游市场失信行为表现多种多样，只有探究其背后产生的原因，才能有效地寻找解决的路径。关于旅游失信行为的原因分析的文章数量较多，学者选取不同的理论视角、不同的旅游主体来分析失信现象产生的原因，主要涉及伦理学、经济学、企业内部管理、行业环境、行业监管等方面。笔者从诚信本质的角度出发，深入剖析旅游失信行为背后的原因。

3.2.1 旅游失信行为模式解析

根据动机-目标理论、驱力理论、诱因理论、群体动力理论等研究发现：动机源于需要，行为取决于动机；动机是激发和维持有机体的行动并将使行动导向某一目标的驱力；驱力为行为提供能量，而习惯决定着行为的方向；有些驱力来自内部刺激（需要），称为内部动因，有些驱力来自外部刺激（环境），称为外部诱因；人的一般行为模式是内在需要和外部环境相互作用的结果。动机是由需要与诱因共同组成的，动机的强度或力量既取决于需要的性质，也取决于诱因力量的大小。为了对行为的本质有更深的了解，可以把产生行为的动因、实现行为目标的手段和行为产生的结果一并考虑，也就是通过一个动态的过程来研究行为（如图3-18所示）。

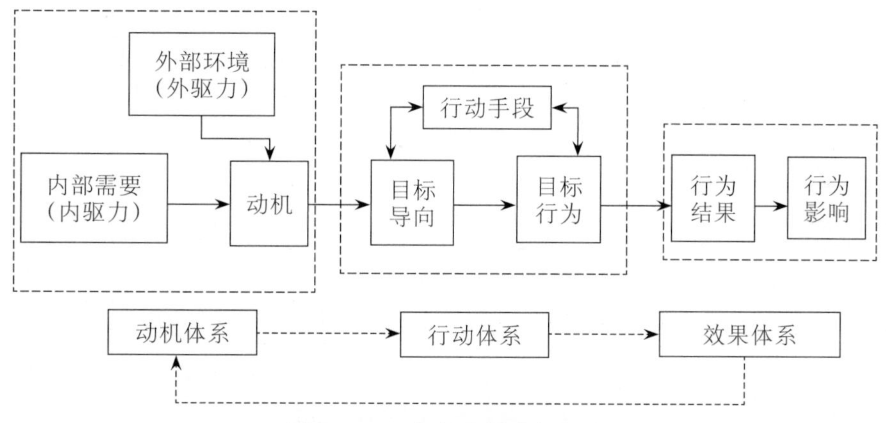

图3-18　一般行为模式解析图

动机体系：当人们存在某种需要而不能满足时，心里会产生一种不平衡和呈现出紧张状态，成为满足需要的内在驱动力，这就是动机，动机导向目标，激发和维持人们采取行动。受外部环境刺激和制约的影响，动机可能会得到强化或削弱。

行动体系：在动机的驱使下，为了实现目标而采取具体的行动手段、方法、方式等，这些行动过程是可以被觉察和记录的。

效果体系：效果是由行动导致的一种直接后果和状态。影响是由效果产生的，但是会超出其本身范围而促使其朝着某种新方向变化。

观察行为，一般会出现两种情况：动机与结果一致；动机与结果不一致。当动机与结果相一致时，行为得到肯定和强化，这种积极强化会增强这一行为重复发生的可能；当动机与结果不一致时，行为被否定，这种消极强化会削弱这一行为，降低其发生的频率。

前文对旅游失信行为进行了阐释，通过分析旅游失信行为的主要表现，我们发现：旅游失信行为的内驱力主要来自对利益追逐的需要，主要为获取金钱、利润的需要；外驱力主要来自外部环境的道德秩序约束力和法律秩序约束力。在内外驱力的作用下，失信动机驱使旅游企业（个人）采取失信行动，如果旅游失信动机与失信行为结果（获利）相一致，则会进一步强化旅游失信动机，增强旅游失信行为重复发生的可能；反之，旅游失信行为会削弱、减少甚至消失。根据人的一般行为模式解析图，我们构建了旅游失信行为过程解析图，如图3-19所示。

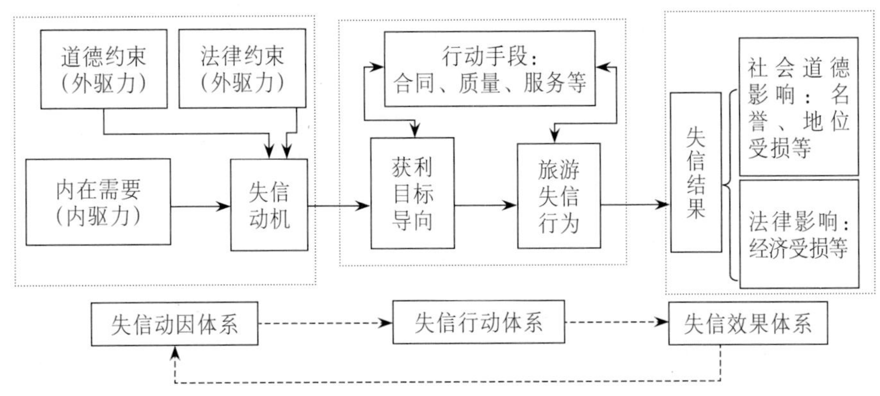

图3-19 旅游失信行为过程解析图

旅游失信动因体系：当人们对金钱、物质等利益追求不满足时，追逐物质利益的需要成为失信行为的内驱力；社会诚信道德环境和诚信法治环境制约并影响着失信行为动机的强化和减弱。强化内部逐利需要，必将导致旅游失信行为泛化和扩大化。

旅游失信行动体系：在失信动机的驱使下，旅游失信企业（个人）会采取上文所述的合同失信、质量失信、服务失信等方式和手段，实现获利目标。一方面，失信行动的减少和消失来自主观失信动机的弱化、停止；另一方面，客观环境的强大压力迫使失信动机弱化和停止。

旅游失信效果体系：其主要由结果和影响构成。从结果来看，如果旅游失信行为实现旅游失信目标，将会进一步强化旅游失信动机，导致旅游失信行为重复发生；反之，会降低旅游失信行为的发生率。从影响来看，如果旅游失信行为受到社会道德和法治的制约力度小，如旅游失信行为受到社会道德舆论的谴责力度不大，受到的法律制裁不重，对失信旅游企业（个人）的名誉、声望、社会地位、经济利益等的影响程度低，将会强化旅游失信动机，导致旅游失信行为重复发生；反之，则会降低旅游失信行为的发生率。

旅游失信行为是一个动态的过程，子系统之间、各因素之间相互作用。失信动机源于内部逐利，且受到外部道德和法治环境的影响；失信动机决定失信企业（个人）采取的失信行动，并会产生直接的失信结果（与目标的一致性），失信结果同时产生道德和法治影响（与目标的一致性）；失信结果反过来作用于失信动机的强化或减弱，进而导致失信行为的重复发生或减弱。因此，在旅游失信行为体系中，探究旅游失信动机形成的原因和过程，是从根本上遏制旅游失信行为的关键，也会为探索旅游诚信体系建设路径提供指引。

3.2.2 旅游失信行为内外部原因分析

旅游失信行为是内在需要和外部环境相互作用的结果。旅游失信动机由内在需要和外部刺激构成，其中内在逐利需要是旅游失信行为的根本原因，诚信道德和法制环境影响构成旅游失信行为的外在诱因。

（1）内在动因

动机源于需要。需要一般是指人们对某种目标的欲望或渴求在人的大脑中产生的一种主观意识，它能够推动人以一定的方式进行积极的活动。需要被人体会得越强烈，动机导向的行为活动就越有力、有效，目标就越有可能完成、实现。按照马斯洛的需求层次理论，人的需要是有层次的，由低级向高级发展，主要由生理需要（生存需要）、安全需要、社交需要、尊重需要、自我实现需要5个层次构成。其中生理需要是人们最基本的需要，也是维持生存所必需的、最强烈的需要，如衣食住等需要。安全需要，即人们对稳定、有保障的需要，如工作的稳定、人身财产的安全等。社交需要，即人们希望在社会生活中与他人建立感情联系或关系的需要，如加入某一组织有归属感等。尊重需要，即自尊和希望受到别人的尊重的需要，如获得社会地位以得到他人尊重等。自我实现需要，即最大限度地发挥一个人的潜能并有所成就的需要，马斯洛认为这是最高层次的需要，当然，由于人生观、价值观不同，选择自我实现的形式也是不一样的。由此可以看出，对食物、住房、薪酬等物质生活及安全保障的需要成为最基本、最强烈的行为动机。企业作为以营利为目的的经济组织，对经济利益的追求成为其生存及发展的基本需要。

旅游失信动机主要源于失信主体（企业或个人）对物质、经济等利益的追逐，即旅游失信者对物质利益不满足，不惜违反诚实守信原则，产生以损害他人利益满足自身经济利益的需要，这是旅游失信动机的内在驱动力。在现实生活中，旅游失信内在逐利需要的产生主要受到生存状态、情景和认知水平的影响。

生存状态是指人们产生需要时的物质生活和精神生活的综合状态。《管子·牧民》中曾提出："仓廪实而知礼节，衣食足而知荣辱"，意思是百姓的粮仓充足，丰衣足食，才能顾及礼仪，重视荣誉和耻辱。可见，物质需要是精神需要的基础。我国旅游业是伴随改革开放发展起来的，旅游业市场化程度比较高，旅游产品同质化现象较严重，市场竞争十分激烈。在激烈的市场竞争中，有些旅游企业产生了违反诚实守信原则、以谋取不当得利来求得生存和发展的需要。对于频繁发生的导游失信行为，我们不难发现，导游的生存状态是失信的重要原因之一。目前，导游作为一个相对不稳定的职业，没有固定工资，收入主要靠带团的佣金。加之近年来个别旅行社之间存在"零负团费"竞争，以及社会保障不健全、不完善，导游受到"三无问题"（无合同、无工资、无社保）的困扰，物质生活缺乏感和工作不安全感增强，生存状态恶化，心理较易失衡，这就导致导游失信行为屡禁不止。

情景是指诱发或增强需要产生的外界刺激。诱发旅游失信行为最强有力的情景因素是失信目标，即满足失信者获取不当经济利益的需要，它吸引、刺激并促使他们采取失信行动。诚信道德环境和诚信法制环境约束力不强，旅游失信获利远远大于旅游失信损失，会诱发旅游企业（个人）产生谋求不当利益的需要。

认知水平是人们对事物的分析、判断、处理的能力，既是实现目标的重要心理条件，也是产生需要的重要前提和基础；认知水平受个体价值观和过去经验的影响。以追求经济价值为唯一目的的价值观，可能导致旅游企业（个人）产生谋取不当得利的失信认知和心理，如果以往的失信行为对其经济利益损害不大，则会强化“失信有利于企业（个人）”的认知能力和自信，导致旅游失信行为频繁发生。

旅游企业（个人）为了生存和发展谋取经济利益本来无可厚非，但是获取经济利益的手段有符合社会诚信道德规范和法律秩序的，也有违反社会诚信道德规范和法律秩序的。如果以追求经济利益最大化为目的，或者以完全追求经济利益为唯一目的，为获取自身经济利益而损害他人合法利益，违反社会公共道德和法律秩序，必然导致旅游失信行为发生。从交易成本理论来看，如果失信交易成本低于守信交易成本，守信激励不足，失信获利较大，必然会加剧旅游市场失信行为的发生。

（2）外在动因

从外部约束环境来看，主要有诚信道德环境和诚信法制环境。诚信是一种道德规范，如果社会整体道德水平低下，道德秩序失衡，则失信现象必然广泛存在。诚信是一种契约法律规范，如果社会整体的法治水平不高，法律对失信制裁和打击的力度不够，则失信现象也必然会广泛存在。因此，道德和法制约束对诚信规范建设至关重要。

①诚信道德失范是旅游失信行为产生的重要原因。

道德失范（disordered moral）是指在社会生活中，作为存在意义、生活规范的道德价值及其规范要求或者缺失，或者缺少有效性，不能对社会生活发挥正常的调节作用，从而表现为社会行为的混乱。道德失范所揭示的是社会精神层面的某种危机或剧烈冲突。

诚信作为公民的道德规范和要求，既是一切道德的基础和根本，也是公民道德素质中最基本的要求，还是一个社会赖以生存和法治发展的基础和重要条件。社会诚信道德体系，不仅对个体诚信道德有要求，对组织也同样有诚信道德标准。无论是个人，还是组织，诚信道德都是其内在价值观的反映。诚信道德失范意味着诚实守信的价值取向对社会成员的影响力和约束力减弱，诚实守信原则在市场交易行为中遭到破坏；意味着个人或组织的价值取向、行为规范等出现背离社会公众和组织成员期待的守信行为，导致组织秩序和社会秩序失衡，引发信任危机。

近年来，社会信任危机问题受到社会各界的高度关注。中国社科院发布的《中国社会心态研究报告（2012—2013）》显示，我国社会总体信任指标进一步下降，呈现出人际不信任的扩大化和群体间不信任加深和固化等新特点。调查显示，人际不信任在扩大，如城市居民的人际信任由近及远分别是亲属、亲密朋友、熟人和陌生人，只有不到一半的调查者认为社会上大多数人可信；群体间不信任加深，如民众对广告、房地产、食品及药品制造、旅游和餐饮等行业的信任度较低。社会信任危机反映了社会诚信道德秩序失衡，只有加强诚信道德建设，建立并完善诚信道德秩序，才能有效提升社会信任度，减少失信行为的发生。

诚信道德秩序的建立包含两个方面：其一是精神层面的诚信价值规范体系，该体系支配着人们是否实施诚信行为；其二是行为层面的诚信行动体系，其受诚信价值体系的支配。纵观我国诚信价值规范体系的产生和发展，可以看出，诚信产生于“熟人社会”，是以血缘、亲缘、族缘为纽带的人伦信任关系[40]，偏重在私德领域内发挥作用。由于长期受儒家诚信伦理道德思想的影响，受本位主义、等级观念、三纲五常等传统伦理道德规范的长期束缚[41]，在某种程度上，人们的诚信道德观是建立在服从官僚等级的理念基础之上的，加之官本主义和民本主义冲突、诚信道德建设与市场经济脱轨，人们的行为容易受追逐利益的驱动等，基于公平、平等精神的现代社会诚信道德理念和体系尚未普遍树立和形成，社会诚信意识和信用水平有待提高，履约践诺、诚实守信的社会氛围尚待加强。

中国社科院发布的《社会心态蓝皮书：中国社会心态研究报告（2018）》显示：受访者对“民主”“公平”“满意的收入”的当前获得体验和未来获得预期较低，对“满意的收入”、“公平”、“稳定的工作”以及“高水平的医疗卫生服务”的综合评价较低；“90后”青年个体自身普遍认可集体主义、人文关怀和权利平等观念，但是他们认为现实社会欠缺人文关怀和权利平等；6成以上受访者偏向物质主义价值，1/3以上受访者偏向后物质主义，“90后”群体、“新一线”城市的受访者后物质主义价值观更高。

因此，应树立并共享新时代社会主义诚信价值观，建立基于平等、公平原则的现代社会诚信价值体系和诚信道德秩序，特别是运用各种舆论工具，一方面加大弘扬诚实守信价值观和典型案例的舆论宣传；另一方面通过舆论对旅游失信行为进行谴责和声讨，增强社会诚信道德约束力，使得旅游失信组织或个人名誉受损，形成诚实守信、履约践诺的旅游业诚信道德环境和社会氛围，使旅游失信行为成为无源之水、无本之木。

②诚信法律制度失范也是旅游失信行为产生的重要原因。

制度是在一定历史条件下形成的，是由人制定的并用以约束人的行为的规则，抑制着人际交往中可能出现的任意行为和机会主义行为[42]。法律制度是人们在长期社会生产实践和互动交往中通过经验累积而确立的行为规范，是一个国家或地区构建信任关系和社会秩序的基础。法律制度的确立和执行能够有效控制或减少社会秩序混乱、无序的状况发生，使人们获得安全感，成为构建社会信任关系的重要保障。随着现代信息技术和互联网的发展，人与人之间的直接接触变少，行为越来越虚拟化，在陌生人组成的社会里，道德羁绊的强制力已显得苍白无力，不能再成为约束失信行为的重要力量[43]。在现代社会中，诚信道德评价和舆论的约束力毕竟还是作为警示，很难直接治理失信行为，社会主体之间的利益或正当权利要求还是需要依靠法律来解决，诚信法律制度成为评价社会主体行为的主要模式。

诚信法律秩序的建立包含两个方面：其一是诚信法律制度的确立，即建立基于平等、公正的信用原则，排除特权，保护人们依据自己的意愿、真实的意思表示达成契约并履约践诺的法律制度；其二是诚信制度的有效执行，即诚信制度能够顺利实施，成为约束社会主体诚信行为的有力保障，使失信者受到应有的法律制裁。诚信法律失范意味着诚信制度缺失或者执行不力，表现为信用制度建设滞后，有法不依、执法不严、惩戒不力，导致失信成本偏低，失信行为频繁发生甚至猖獗。

近年来，随着信息技术的发展与互联网的广泛应用，网络的虚拟性使得人们只通过文字、图片等不一定真实的事物，突破时间、空间等限制，就可以随时随地进行交流和交易，于是互联网行为中的各种失信问题受到社会的普遍关注。现实中的失信问题在网络世界里普遍存在，网络陷阱和欺诈事件频发，道德约束力在虚拟的网络世界里显得苍白无力，依靠法律、契约、合同等制度建立的信任关系，对失信行为具有强制约束力，诚信法律制度的建立成为维护诚信道德力量的有力保障。

旅游业位列五大幸福产业之首，其诚信制度建设备受社会各界关注，国务院出台的《社会信用体系建设规划纲要（2014—2020年）》中明确提出：制定旅游从业人员诚信服务准则，建立旅游业消费者意见反馈和投诉记录与公开制度，建立旅行社、旅游景区和宾馆饭店信用等级第三方评估制度。2019年出台的《国务院办公厅关于加快推进社会信用体系建设构建以信用为基础的新型监管机制的指导意见》（国办发〔2019〕35号）中也进一步提出加快建章立制，建立健全全国统一的信用监管规则和标准，抓紧制定开展信用监管急需的国家标准，将信用监管中行之有效的做法上升为制度规范。

可见，旅游诚信建设要以道德诚信为基，以法制诚信为本，通过道德诚信软约束力和法制诚信硬约束力双管齐下，建立旅游业守信奖励、失信必惩的制度体系，使诚实守信成为旅游企业、从业人员、旅游监管部门以及旅游者的自觉行为规范。

4 基于场域理论的旅游诚信体系构建

4.1 旅游诚信场域界定

4.1.1 布迪厄场域理论的基本框架

场域理论是由法国著名的社会学家布迪厄提出的，他认为一个场域可以被定义为在各种位置之间存在的客观关系的一个网络（network）或一个构型（configuration）[44]。换句话说，实质上“场域”代表着各种不同的分化的社会空间，展示着场域内处于不同位置的行动者之间的客观关系。其中，影响场域形态的有两个重要的工具，即惯习和资本。惯习，是属于个人心智的一套性情倾向的系统，也就是“知觉、评价和行动的分类图式构成的系统”，它是一种深层结构，规定了一个人的分类认知图式，决定着一个人的价值观、美丑观和善恶观。[45]资本是指在特定场域中的交换价值，它既可以作为行动资源，又可以作为追求和积累的商品。一般资本有三种形态，即经济资本、社会资本、文化资本。每种资本都有其所代表的符号经济，其中，经济资本的符号形式是金钱，以产权制度化的形式得以保障；社会资本的符号形式是社会声誉、地位头衔等，以社会规则制度化的形式得以保障；文化资本的符号形式是作品、学历等，以规则制度化的形式得以保障。资本不仅是场域活动竞争的目标，也是用以竞争的手段，三种资本可以转换，场域是资本转换和竞争的动态场所，场域中的行动者会根据自己所处的位置和惯习，制订相应计划，采取巩固和改善自己在场域位置的实践行动，场域内的结构随着行动者资本占有量总和的变化而变化。

“场域-资本-惯习”三个概念及其关系构成了布迪厄场域理论的基本框架。他认为，社会是由不同的场域构成的，一个场域由附着于某种权利（或资本）形式的各种位置空间的一系列客观关系所构成，而惯习则由积淀于个人身体内的一系列历史关系所构成，其形式是知觉、评判和行动的各种身心图式。[46] 场域理论认为，每个场域都有着自身特定的运行逻辑和规则，具有某种惯习的活动主体在场域中处于不同的位置，同时拥有不同的资本，活动主体为争夺资本进行斗争，推动着场域的发展或者解体，在这种斗争过程中，场域塑造着惯习和规则，惯习和规则也构建着场域，活动主体在斗争发展中的不同占位形成了它的社会轨迹，这条轨迹是由场域的作用力和他自身的惯习所决定的。[47]

4.1.2 旅游诚信场域的界定与特点

根据布迪厄的场域理论，我们可以将旅游诚信场域定义为：处于不同位置的旅游市场主体，包括旅游企业及其从业人员、旅游者、旅游监管机构等，在旅游活动中构建的诚实守信、践诺履约的社会网络空间。旅游诚信场域既具有场域的公共性，也有其独特性。

第一，旅游诚信场域是一个相对独立的空间，它有着自身运行的逻辑。一方面，在这个相对独立的网络空间里，旅游市场主体行为的诚信与否，不仅受到旅游市场主体自身的诚信习性和场域诚信惯习的影响，同时也受到旅游市场主体对诚信资本的追求程度和诚信资本的交换价值的影响。另一方面，旅游诚信场域越强，旅游市场主体之间的社会信任度越高，获得旅游诚信的资本越高；反之，旅游诚信场域越弱，旅游市场主体的社会失信度越高，获得旅游失信的资本越高，旅游失信行为会频繁发生。

第二，旅游诚信场域是一个客观的网络关系体系。它是以旅游市场为纽带，由旅游产品和服务供应商即旅游企业（包含从业人员）、旅游消费者（包含团体或个人）以及旅游监管机构等组成的。在这个网络体系中，约束行为主体的诚信规则有诚信道德的软约束和诚信法律的硬约束，行为主体诚信与否实质上是两种规则交互作用的结果。因此，旅游诚信道德建设和旅游诚信法治建设两手都要抓，两手都要硬。

第三，旅游诚信场域的惯习，来源于旅游诚信实践过程，具有历史性、稳定性和可变性，是一种社会化了的主观性[48]，根植于人们的心智系统。一方面，旅游诚信惯习受到社会诚信历史发展轨迹和旅游业发展轨迹的影响，它实质上是社会诚信历史的反映；另一方面，惯习作为建构化的结构，会超越人们遇到的一些具体情境而发生惯性作用，是旅游实践在旅游市场主体思维结构中的映射，其驱使旅游市场主体采取诚信或失信行动，进而影响旅游诚信场域的社会信任度。因此，旅游诚信场域的惯习培育十分重要。

第四，旅游诚信场域的资本，具有经济性和社会性双重性质。经济资本是指通过金钱形式表现出来的显性资本，它支配着旅游诚信场域中行为主体采取诚信与否的行动。旅游企业或其从业人员如果过于追求经济资本，将驱动其采取失信行动，同时，对经济资本的追逐会导致旅游诚信场域充满冲突和斗争。社会资本是指通过社会声誉、名望等形式表现出来的隐性资本，它可以转化为经济资本，社会资本也支配着旅游诚信场域中行为主体采取诚信与否的行动。旅游企业或其从业人员对社会资本的追求如果低于经济资本，则将驱使其采取失信行动；反之，则会驱动其遵守诚实守信的原则。因此，从旅游诚信场域资本的角度出发，只有经济资本和社会资本并重，并加快相互之间的转化，同时加大旅游失信成本，才能构筑强大的旅游诚信场域。

4.2 旅游诚信场域结构

旅游诚信场域是一个相对独立的客观关系网络空间，在这个空间里，诚信规则、诚信资本、诚信惯习影响着旅游场域行为主体的诚信行为。诚信规则是制约行为人的诚信行为使其表现出相应诚信度的力线，它从诚信度和诚信价值取向两个方面规范着行为人的诚信行为。[49] 诚信资本不仅是场域活动竞争的目标，也是用于竞争的手段，场域中的冲突都是围绕诚信资本展开的。就个人而言，诚信惯习使行为人偏向于选择根据他们的资源和过去的经验最可能成功的行为方式；就组织而言，诚信惯习使行为人偏向于选择受组织目标、组织资源以及组织文化等要素影响的行为方式。诚信场域塑造诚信惯习，诚信惯习构建着诚信场域，并驱动行为人追逐诚信资本，促使诚信规则发挥作用。

4.2.1 旅游诚信场域行为主体

旅游诚信场域以旅游市场为纽带，将场域中提供旅游产品或服务的生产者和旅游消费者以及社会公众连接起来，包括旅游企业及其从业人员、旅游者、旅游监管机构、新闻媒体等。

（1）旅游企业及其从业人员

旅游企业一般是指以营利为目的，向市场提供旅游产品和服务的独立经济组织，主要包括旅行社、旅游景点景区、旅游饭店餐馆、旅游商店及商业街、旅游交通企业、旅游休闲娱乐场所等。旅游企业从业人员一般是指与旅游企业签订劳动合同的雇员。在旅游诚信场域中，旅游企业及其从业人员是否采取诚信行动主要取决于以下因素：第一，其内在对经济资本的追求与对社会资本追求的较量，如果其更倾向于经济资本目标的话，采取失信行为的可能性增强。在现实旅游活动中，旅游企业及其从业人员的失信行为屡见不鲜的主要原因离不开对经济利益的欲求。第二，诚信道德的感知、以往经验的积累和失信成本的风险等总体权衡后，如果认定失信比守信更有收益，则会采取失信行动。在现实旅游活动中，道德约束力和法律约束力不强，失信成本较低，也是导致旅游失信行为产生的重要原因。可见，旅游企业及其从业人员采取守信或失信行动主要取决于惯习和资本两个要素。

（2）旅游者

旅游者也称游客，一般是指购买旅游产品和服务的消费者。在旅游诚信场域中，旅游者由于对资源的占有量相对于旅游企业而言是少的，处于相对弱势的位置。旅游者与旅游企业斗争的形式主要表现为旅游投诉，其借助于旅游监管部门和新闻媒体的力量，对违约失信的旅游企业施压，以维护其自身合法利益和权益。旅游者是否采取诚信斗争行动主要取决于两个因素：第一，其对经济资本追求的强烈程度，如果欲望强烈则会采取积极行动，如投诉、媒体曝光，甚至采取法律诉讼等；第二，对诚信道德的感知、以往经验的积累和机会与风险等总体进行权衡后，如果认定有收益，则会采取积极斗争行动。

在旅游诚信场域中，旅游企业与旅游者的位置可能互换，即旅游者成为失信一方，而旅游企业则成为受信一方。旅游者是否采取失信行动主要取决于以下3个因素：第一，诚信价值取向。如果旅游者诚信道德品质缺失，往往会采取失信行动。第二，旅游者内在对经济资本的追求会导致其采取失信行动。第三，旅游者对以往经验的积累和行动风险进行权衡后，如果认定失信有收益，则会采取失信行动。可见，旅游者采取诚信或失信行动也主要取决于惯习和资本两个要素。

（3）旅游监管机构

根据《中华人民共和国旅游法》（2018年修正）第八十三条的有关规定，县级以上人民政府应当组织旅游主管部门、有关主管部门和市场监督管理、交通等执法部门对相关旅游经营行为实施监督检查。可见，县级以上旅游主管部门即文化和旅游管理部门为主要旅游诚信监督管理部门。此外，质量监管部门、市场监管部门、交通运输管理部门等也是重要的旅游诚信监管单位。旅游诚信监管机构对旅游诚信行为监管的力度影响着旅游企业与旅游者在旅游诚信场域的地位，也影响着旅游诚信场域自身惯习的形成和发展。对旅游诚信行为监管力度的强弱主要体现在两个方面：一是旅游诚信立法建设方面，如建立健全规范的旅游诚信法律法规和制度；二是旅游诚信执法建设方面。旅游监管机构是否对旅游失信行为依法公平、公正地处理，影响着旅游企业与旅游者在场域中位置的变化和对诚信资源的占有量。如果旅游监管部门作为国家行政机关，在旅游诚信立法、执法方面消极作为，将会严重降低政府的公信力，大大弱化诚信道德和诚信法律的约束力，导致旅游失信行为泛滥。因此，旅游监管部门作为旅游诚信场域的重要参与者，在旅游诚信环境的营造、旅游诚信政策和法规制度的制定、旅游诚信场域的惯习等方面具有举足轻重的地位和作用。

（4）新闻媒体

新闻媒体也称大众传媒，主要包括报纸、杂志、广播、电视等，随着互联网技术的发展和广泛应用，网络媒体（如门户网站、微博、微信等）逐渐成为一种新的媒体类型，其不受时间、空间等限制，传播范围广，保留时间长，影响力大。

在旅游诚信场域中，作为一个重要的参与者，新闻媒体对失信行为的曝光度和反映度，决定了旅游诚信问题能否引起广泛的社会关注，进而使旅游诚信监管机构注意到该问题并采取措施进行解决。此外，旅游企业和旅游者也会根据新闻媒体构建的诚信舆论环境对自己的行动做出调整，做出更倾向于新闻媒体和社会公众要求的行动。

信用服务机构也是旅游诚信场域的重要主体，主要包括信用报告机构、信用调查机构、信用评级评估机构、信用咨询服务机构和信用管理培训机构等。它们通过对旅游企业的信用调查，进行信用等级评定以及向公众发布信用评定报告等，在一定程度上会影响诚信舆论的环境和旅游诚信场域活动主体的行为。

4.2.2 旅游诚信规则

布迪厄指出“每个子场域都有自身的逻辑、规则和常规”。[50] 旅游诚信规则是旅游行为主体在参与旅游活动中需要遵守的诚信规范，是制约行为人价值取向和引导其行为趋向诚实守信、履约践诺的法则。旅游诚信规则主要包括正式规则（硬规则）与非正式规则（软规则）。正式规则一般是指以法律法规为基础，由官方正式颁布实施的有关诚信的制度、规定等。非正式规则一般是指以传统诚信文化为基础，依赖自发演进所形成的社会诚信习俗、诚信道德约束与习惯等。在约束力层面，正式规则（硬规则）的适用主要依靠国家强制力，如果行为人的行为违背正式规则，则会遭受法律法规的强制性制裁；非正式规则（软规则）的适用主要依靠行为人的道德自律以及社会习俗、社会组织的自治规则以及社会舆论的影响等，体现出诚信道德精神和文化。在旅游诚信场域中，软规则和硬规则共同作用于旅游行为主体，发挥着约束力作用，两者相互影响、密不可分。

（1）诚信软规则是诚信硬规则的基础，诚信硬规则是诚信非道德约束的法治化形式

从诚信法制化发展的路径来看，首先，作为一种品德、一种原则，诚信存在于社会个体之间或者组织之间的交往行为中，是社会存在、个人发展的基础。在我国，诚信不仅是衡量个人道德品行的重要标准，也是个体为人处世的规范，“诚者，天之道也；诚之者，人之道也”[51]（《礼记·中庸》）。“人而无信，不知其可也。”“大车无輗，小车无軏，其何以行之哉？”[52]（《论语·为政》）。不守诚信，将寸步难行；诚实守信，则可畅行万里而无阻。西方的诚信规范一方面源自宗教世界的诚信观念，对上帝的“信”，不背叛；另一方面则可以追溯到古罗马时期的商业贸易、经济往来中的“信”，通常指契约精神[53]。其次，随着人类活动范围的扩大，市场交易越来越需要相互信任，诚信逐渐从道德范畴上升为法律原则，越来越多的国家和地区将诚信原则作为民事和商事活动共同遵守的法律规则。例如，现行的《中华人民共和国旅游法》第六条明确规定：旅游经营者应当诚信经营，公平竞争，承担社会责任，为旅游者提供安全、健康、卫生、方便的旅游服务。

（2）诚信软规则与硬规则相互作用、相互影响、相互促进

在旅游诚信场域中，诚信软规则如诚信道德规范等，是从内心深处对行为人进行影响，进而影响行为人的价值观、人生观和惯习等的形成。但是，诚信软规则不具有强制性，几乎是行为人的自觉行动，属于自律，对缺乏自律的失信人而言，诚信软规则发挥的作用和影响较弱。诚信硬规则是诚信软规则的法制化，是有明文规定的，操作性强，是借助外部法律等强制手段对行为施加影响，进而使行为人的行为符合法律

法规规定的诚信要求，属于他律，对缺乏自律的失信人而言，诚信硬规则发挥较强的作用和影响。一方面，诚信硬规则在法律层面明确了诚信软规则的目标和要求，使诚信软规则具有了法律的价值和意义，有利于诚信场域惯习的形成；另一方面，通过实质性的对失信行为的处罚，维护诚信行为，诚信硬规则使人们更自觉地认识到诚信的重要性，更自觉地遵守诚信原则，使他律转向自律。可见，诚信软规则与硬规则共同作用于旅游诚信场域中的行为人，成为旅游诚信场域两条密不可分的约束力线，两种规则的结合，可以避免因各主体间价值观有差异而造成旅游诚信体系缺乏系统性的情形出现。

4.2.3 旅游诚信资本

在诚信场域中，只有遵循诚信规则的利益大于无视诚信规则的利益时，行为人才会遵守诚信规则。而这种隐藏在诚信规则背后的利益即诚信资本才是行为人真正追求的目标，也是促使他们遵守诚信规则的根本动力。诚信显然能够给行为人带来利益，这种利益既可以是经济利益，也可以是精神利益。人们之间讲诚信的直接目的正是获取这种利益，失信行为往往导致这种利益损失，但是这种损失恰好是为获取诚信资本而付出的代价。

在旅游诚信场域中，对旅游企业而言，其守诚信、履合约的直接目的是获取经济利益，间接目的是树立自己的信誉和社会声望；而对旅游消费者而言，其守诚信、履合约的直接目的是获得更好的旅游体验和身心愉悦。因此可以看出，旅游诚信资本既有资本的一般特征，又有自身的独特性。

（1）旅游诚信资本具有经济资本和社会资本双重属性，属于双元资本

旅游诚信资本是诚信资本在旅游场域中的具象化，它具有诚信资本的社会资本属性。所谓诚信社会资本，是指存在于一定社会关系结构中的由诚信产生的一种重要的社会资本。[54] 人们诚实守信的直接目的是建立一套牢固的社会诚信关系，维护社会正常秩序。凡是有人类社会活动的地方和领域，都存在诚信资本，诚信社会资本是人们或者组织在社会

立足必须具备的资本。企业拥有的诚信资本越多，社会声誉越好，企业的品牌价值就越高，转化为企业的经济资本就越多。在旅游诚信场域中，旅游企业行为主体受到经济利益的驱使，其诚信行为更趋于对经济资本的追逐，从而使得旅游诚信资本具有明显的经济资本的属性。换句话说，旅游企业履约践诺的直接目的是获取经济资本，如果旅游失信行为能够使其获取更多的经济利益，那么遵守诚信规则对他们而言就不那么重要了，这也是旅游失信行为屡禁不止的重要原因。

（2）旅游诚信资本具有可累积性、可转化性和可评估性

旅游诚信资本像其他资本一样是可以累积的。在旅游诚信场域中，通过行为主体之间的交易或交往，每一次的诚信行为都会加深双方或多方之间的信任度，随着诚信资本的不断累积，行为主体会产生交易惯习，形成品牌偏好。例如，坐落在绍兴的鲁迅故里景区（国家5A级景区）占地面积50公顷，总投资10亿元。2008年6月，根据中宣部等发布的文件精神，鲁迅故里景区实行整体免费开放。开放以来，该景区在各大旅游网站上几乎看不到任何的差评，每年吸引着高达200万名的旅游者参观游玩，成为绍兴众多旅游资源中的“镇城之宝”和“旅游名片”，有效地促进了绍兴旅游产业的发展和质量提升。反之，每一次失信行为，都会加深双方或多方之间的不信任，后果严重的话，甚至会断送以前累积的信任，并将这种不信任迅速向场域外扩散，变成社会关注的焦点，给行为主体带来无法估量的损失。例如，2017年由“雪乡宰客事件”引发的雪乡旅游风波持续发酵，公众对“黑社、黑导、黑车、黑店”等行为的讨伐此起彼伏，不仅将这颗旅游界的“新星”推向了“九月磨刀，三月宰羊”的失信“深渊”，也将地方旅游监管部门推向了风口浪尖。因此，对旅游行为主体而言，要高度重视和维护累积的诚信资本，极力避免长期积累的诚信资本可能被一次失信“花费掉”的事件发生。

在旅游诚信场域中，由于诚信资本具有双重性，二者可以相互转化。例如，旅游企业好的口碑、信誉等诚信社会资本，会给其带来更多的旅游者，获取更多的经济资本；反过来，当旅游企业为了履行合同不惜损失自身的经济利益时，也会为企业换取更多的社会资本，将来给企

业带来更多的经济资本，这也是旅游企业追求诚信资本的内在动力。此外，由于旅游诚信或失信行为可以被记录，因此，可以在旅游诚信场域中建立一套能把诚信资本加以有效记录和评估的机制，建立旅游诚信评估体系（包括旅游企业征信体系和旅游消费者个人征信体系），用以评价和考核旅游行为人的诚信状况，运用诚信软规则和诚信硬规则对行为人施加影响。

（3）经济资本成为旅游诚信场域主体追求和博弈的核心

诚信经济资本作为显性资本，是可以直接用货币加以计量的，诚信社会资本最终都可以转化为经济资本。在旅游诚信场域中，诚信经济资本作为占有主导地位的资本，成为行为人竞相追逐的资源和场域争斗博弈的核心，场域中所有的规则都是围绕诚信资本而设计的。如果守信能够给行为人带来更多的经济利益的话，行为人就会在博弈过程中选择践诺履约；反之，则会选择失信。例如，在“零负团费”模式运作下，形成了组团社、地接社、导游、自费景点以及购物店等有利益关联主体的利益集团，通过对旅游消费者进行欺诈而获取非法经济利益。在与旅游消费者的博弈中，由于信息不对称等，旅游消费者的知情权、自主选择权、公平交易权、安全保障权等受到限制和侵害，旅游消费者处于弱势一方，加之旅游监管法律法规存在不足，以及个别旅游监管部门的人员消极不作为，旅游消费者很难在博弈中取胜，这也是“零负团费”长期存在的重要原因。因此，在治理旅游失信行为、建设强旅游诚信场域的进程中，要以诚信经济资本为中心，打破旅游经济资本的利益链，对旅游失信行为加大经济制裁力度，像治理酒驾交通违法行为一样，使旅游诚信场域中的行为人不敢失信、不能失信、不想失信。

4.2.4 旅游诚信惯习

布迪厄认为，在场域里活动的行动者都是有知觉、有意识、有精神属性的人，都有自己特定的惯习。一方面，惯习根植于人们的心智中，成为左右个体行动的“性情倾向系统”，会超越人们遭遇的一些具体情景发生惯性作用，成为引导人行为的内化思维体系；另一方面，惯习来自个体的社会实践活动过程，是在长期的社会实践中基于“社会客观结构”的相对稳定而形成于思维深处的“主观结构”。诚信惯习属于个体心智、认知结构、意识领域的一部分。它既是历史的产物，体现出人们在社会历史实践活动中所累积的经验的特点，存续于人们的感知、思维和行为图式中，从而保持其与实践活动的一致性，也不是一成不变的，反而会随着社会历史实践活动的变迁，以及受周边客观事物的影响而产生一定的质变。因此，旅游诚信惯习也具有诚信惯习的历史性和社会性、稳定性和可变性以及自身的独特性等特点。

（1）旅游诚信惯习的历史性和社会性

“人的本质不是单个人所固有的抽象物，在其现实性上，它是一切社会关系的综合。”[55] 布迪厄认为，惯习是“自身脱胎于一整套历史”[56]，即惯习实质上是社会历史的反映。诚信惯习实质上就是人们在处理社会关系时积累的经验，反映了一定历史时期人们信守的诚信规则。纵观我国传统诚信观念的演化历史，不难发现，在以儒教伦理道德为主的封建社会，诚信一直是“五常之道”的基本礼法范畴，成为统治阶级建构和维护社会秩序的重要手段。人们生活的范围以家庭、家族、行会等传统组织为中心，诚信往往通过“因亲及亲”“因友及友”的方式得以拓展，形成“熟人社会”的诚信文化。在这种历经数千年积累、承传、发展而来的社会诚信文化基因中，以“私”为特征的小农文化心理，以“家”为构架的家族血缘思维，以及以“孝”为源头的国家治理方式，成为中国人潜意识中的文化认知。[57]

相对于以血缘、亲缘、族缘为纽带的人伦信任关系的熟人社会而言，现代社会是由陌生人组成的社会。在由陌生人组成的现代社会是无法用熟人社会的习俗来应付的。[58]

在现代社会中，由于人的流动性强、交流的范围大、交流的领域广，熟人社会中的“因亲及亲”“因友及友”的诚信拓展方式难以有效实施。因此，在现代陌生人社会中，只有通过诚信法治建设、制度建设和道德建设，高度重视诚信“契约”精神，运用诚信软、硬规则，培植陌生人社会集体认同的诚信文化和价值理念，才能形成现代社会诚信惯习，促进诚信道德、诚信法制与我国社会经济发展并轨同行。

（2）旅游诚信惯习的稳定性和可变性

诚信惯习是在长期的社会实践中，人们在交往中逐渐形成的。它一旦形成，在一定的时空范围内就具有相对稳定性。比如，中国传统社会道德规制始终强调的“三纲五常”，成为统治阶级治理国家、处理社会关系的准则和价值导向。在某种程度上可以说正是这种“三纲五常”长期教化形成的惯习，从伦理道德、政治制度等多方面维持了中国长达两千多年的封建社会的存在。诚信惯习源自社会实践、社会变革和历史变迁，同时，社会变革、历史变迁也会带来诚信惯习的改变。例如，我国自“五四”新文化运动开始，由于受西方现代民主、自由、平等、科学等思想的影响，人们对传统诚信文化成见加深，有的甚至主张否定包括传统诚信道德在内的整个中国传统文化。中华人民共和国成立后，特别是“大跃进”和“文化大革命”给政务诚信带来了一定的负面影响。政务诚信在治国理政中具有基础作用，如果国家和政府自身失信于民，其后果极为严重，不仅会导致公民对政权失去基本信任，而且会导致社会普遍出现道德和信任危机，从而导致社会和谐的基础不复存在，社会治理成本不堪重负。[59] 改革开放特别是20世纪90年代以来，虽然逐渐肯定了传统文化的积极价值，提出继承和发扬中华优秀传统文化，但是受西方“拜金主义”、“享乐主义”以及“文化大革命”的影响，社会价值与道德评判标准修正和补位的任务依然艰巨，在政治领域、经济领域、教育领域、文化领域、医疗领域等领域出现了一些造假、欺诈、不履行合约等失信行为。因此，基于中华优秀传统诚信文化的现代诚信价值体系和规制体系亟需建立。

党的十八大以来，党中央高度重视培育和践行社会主义核心价值观。习近平总书记多次做出重要论述，并明确提出：要以培养担当民族复兴大任的时代新人为着眼点，充分发挥社会主义核心价值观对国民教育、精神文明创建、精神文化产品创作生产传播的引领作用，坚持把社会主义核心价值观融入社会发展各方面，转化为人们的情感认同和行为习惯。诚信作为人类社会千百年传承下来的道德传统和社会主义道德建设的重点内容，同时作为公民个人行为层面的社会主义核心价值观，要求每个公民在社会各个领域必须恪守。

（3）旅游诚信惯习自身的独特性

每个场域都是具有自身惯习的，而每个惯习只能在某一特定场域中存在，即每个惯习和产生它的场域具有对应的关系。旅游诚信惯习是在旅游业发展过程中，行为人在旅游实践活动中形成的。

中国近代旅游业的开端，可以追溯到1923年8月陈光甫先生创办上海商业储蓄银行旅行部（1927年更名为中国旅行社）。中华人民共和国成立后，为了接待大量的海外华人华侨和外宾，相继成立了国营华侨服务社、中国国际旅行社等，都隶属于外事系统，其中导游承担翻译、引导游览和外事接待等工作，属于国家干部，有着较高的社会地位和稳定的收入，因此对导游的政治、道德、业务等要求很高，导游有着从业的自豪感和使命感，遵守纪律、信守承诺、保守秘密等成为导游的职业操守和惯习。1978年改革开放以来，国家提出了旅游工作由“政治接待型”转向“经济经营型”，同时旅行社从国家行政机构转变为企事业单位，导游人员的身份也从机关行政人员转变为企事业单位工作人员，其从业资格要求也相对放宽。

随着旅游业大发展和旅行社的增多，社会对导游的需求量不断增大。1999年10月《导游人员管理条例》颁布实施，并提出社会导游可在导游服务公司登记后获得导游证，自此开始形成导游职业社会化，导游不再成为旅行社固定员工，而是合同工、自由职业者。导游工作的不稳定性，导致其收入不稳定，加之当时我国社会保障如养老保险、医疗保险、失业保险等还不完善，导游收入主要靠出团补贴和回扣，收受回扣成为业内的“潜规则”，这种惯习促使导游失信行为频繁发生，屡禁不止。

当然，场域中行为人个体的原因，如受教育水平、性格、品德、社会关系等，也影响着行为人惯习的形成和不同。比如，有些导游，即使在这种“潜规则”的诱惑下，也能够坚持诚实守信原则，遵守职业操守，赢得了旅游者的好评和尊重。可见，培育旅游诚信惯习，要从旅游产业健康发展的视角，在旅游管理体制机制上下功夫，充分运用诚信软规则和硬规则两条力线，打击旅游失信行为，塑造强旅游诚信场域。

综上，旅游诚信主体、诚信规则、诚信资本是旅游场域构成的要件，带有一定惯习的行为人在旅游诚信规则的作用下追逐诚信资本，旅游诚信惯习会随旅游诚信场域的变化而变化，以适应现实的旅游诚信场域环境。

4.3 强旅游诚信场域模式构建

在我国从旅游大国向旅游强国迈进的征程中，从旅游规模总量提升转向旅游业高质量发展的进程中，旅游诚信是基石和通行证，构建强旅游诚信场域成为我国现阶段迫切需要解决的问题。同时，构建强旅游诚信场域的过程，也是建设并完善现代中国诚信场域的过程，是中国传统诚信场域向现代诚信场域的过渡，对构建中国强诚信场域有着积极的作用和价值。

构建强旅游诚信场域首先应遵循中国旅游业自身发展的逻辑和诚信场域构建的原则，根据旅游诚信场域行为主体的功能，强化各自的角色作用，充分发挥诚信软规则和硬规则的约束力，充分利用诚信资本工具，培育行为人践诺履约的惯习，使中国的旅游业以诚信拥抱八方来客，让旅游者在体验中感受现代中国诚信的价值。

4.3.1 强旅游诚信场域构建的原则

原则是人们行事所依据的准则，是经过长期经验总结得出的。纵观中外诚信发展历史，笔者认为，当今中国，构建强旅游诚信场域应遵循以下原则：

（1）以“契约诚信”为核心原则

旅游诚信场域本质上属于经济场域。我国现行的经济制度是社会主义市场经济制度。党的十九大报告明确提出加快完善社会主义市场经济体制。市场经济体制改革必须以完善产权制度和要素市场化配置为重点，实现产权有效激励、要素自由流动、价格反应灵活、竞争公平有序、企业优胜劣汰。在市场经济条件下，要建设统一开放、竞争有序的市场体系，市场行为主体必须建立契约关系，契约关系成为一种普遍性的人际交往模式。这种模式不仅主导着交易行为，而且影响着政治——法律的制度安排与实际运作，甚至连家庭生活也被它打上了深刻的烙印，从某种意义来说，现代文明就是一种契约文明。[60]

中国传统的诚信原则是基于亲缘、熟人信任关系构成的伦理道德规范，强调行为人的个人操守和自律，无法在更广泛的陌生人社会应用。西方诚信原则则强调契约诚信，共同获利是契约发生的前提基础和原始动力，强调行为人自觉遵守承诺的自律和依靠“契约”约束的他律，可以在陌生人社会中得以广泛应用。契约本质上是一种利益关系，是超出个人范围的社会性合作，交易双方或多方为满足各自的利益需求，要求缔结契约，各方做出承诺，并为恪守承诺付出实际行动。如果不信守承诺，契约就成为一纸空文，市场体系的合理化和有序化就会遭到破坏。因此，遵守“契约诚信”原则成为市场经济存在和发展的必要条件，也是一种健康的市场规则。

（2）以“法治诚信”为保障原则

在市场经济体制下，市场的交易双方或多方以追求自身利益最大化为目的，如果失信行为能够比诚信行为带来更多的利益，换句话说，如果不讲诚信、不守契约行为得到的利益大于为此付出的成本和代价，行为人会将践诺履约抛在脑后。因此，市场机制不可能自然产生诚信契约资源，它需要在法治框架内进行建构，如果脱离法治的主导作用，仅从诚信道德的角度来看契约，我们就只能得到一个依靠良心的君子协定，其约束力大大降低，有可能成为“一纸空文”，毫无价值可言。

社会主义市场经济本质上是法治经济，法治是现代市场经济的重要特征，成熟的市场经济体制与健全的法治相呼应。实现市场在资源配置中的决定性作用，最为重要的一个前提条件就是市场主体的行为受法律约束和保护。[61] 党的十九大报告指出，全面依法治国是国家治理的一场深刻革命，必须坚持厉行法治，推进科学立法、严格执法、公正司法、全民守法，深化依法治国实践，加大全民普法力度，建设社会主义法治文化，树立宪法法律至上、法律面前人人平等的法治理念。因此，只有遵守“诚信法治”原则，在法治的框架约束下，充分运用法律手段对追逐自身利益最大化的“经济人”的失信行为进行制裁和打击，才能有效促进市场交易者遵守契约。

(3) 以“道德诚信”为基础原则

诚信是维护社会秩序和发展的支柱，是道德范畴和制度范畴的统一，在现代社会中更是公民的第二身份证，法律约束力对行为人践诺履约起到的仅仅是外部的他律威慑力，要想使行为人自觉信守承诺，履行合约，只有通过不断的道德教化和反省，将诚信规范内化于心，成为人们的价值观和人生信条。

中国传统诚信文化提出了按照“格物—致知—诚意—正心—修身—齐家—治国—平天下”的逻辑来治理国家，实现天下太平、社会和谐的理想状态，而实现这一目标首先在于个人内心的修养，强调人的自律。由此可以发现，社会道德诚信秩序由人内心深处的诚信价值观、诚信意识等引导其在社会实践活动中自觉诚实守信、履约践诺，这种自律行为将持续有效地维护社会诚信秩序，进一步巩固诚信价值的意识形态。

党的十八大正式提出，要“倡导富强、民主、文明、和谐，倡导自由、平等、公正、法治，倡导爱国、敬业、诚信、友善，积极培育社会主义核心价值观”。社会主义核心价值观是当代中国精神的集中体现，凝结着全体人民共同的价值追求。其中“富强、民主、文明、和谐”是国家层面的价值目标；“自由、平等、公正、法治”是社会层面的价值取向；“爱国、敬业、诚信、友善”是公民个人层面的价值准则。

党的十九大报告明确提出，要积极培育和践行社会主义核心价值观，强化教育引导、实践养成、制度保障，发挥社会主义核心价值观对国民教育、精神文明创建、精神文化产品创作生产传播的引领作用。旅游业高质量发展需要我们践行社会主义核心价值观，特别是把诚实守信的核心价值观有机融入旅游工作方方面面，将诚信旅游转化为人们的情感认同和行为习惯。

4.3.2 诚信场域建设的主要模式

目前诚信场域建设主要有两种模式，即市场主导模式和政府主导模式。

（1）市场主导模式

市场主导模式的代表性国家是美国和英国。美国作为世界上社会诚信体系最为发达的国家之一，其信用制度呈现出市场化、系统化和规范化等特点。在征信方面，主要依靠市场化，以第三方征信评价机构为主，这些征信机构具有较高的自由度和独立性，会采用灵活的方式收集多样化的信息，并经过核对、处理后，最终形成信用报告，如资本市场的征信机构有标准普尔公司（Standard & Poor's）、菲奇公司（Fitch）、穆迪投资者服务公司（Moody's Investors Service）等；商业市场的征信机构有邓白氏集团公司（Dun & Bradstreet）等；个人征信机构有益百利公司（Experian）、艾可菲公司（Equifax）、环联公司（Trans Union）等。在信用法律体系建设方面，呈现出通过法律保障政府信息公开、通过法律维护经济诚信、通过法律保护个人隐私等特点，形成了较完备的诚信法律体系。在信用监管方面，主要有市场监管机制和政府监管机制。

（2）政府主导模式

政府主导模式的代表性国家是德国和法国，此种模式又称公共模式。在征信方面，政府为主导，私营机构为辅助，带有强制性。其征信系统由两部分组成，一部分是国家中央银行，主要采集一定金额以上的银行信贷信息，为中央银行监管和商业银行开展信贷业务服务；另一部分由市场化的征信机构组成，一般从事个人征信业务。如德国，早在1934年就建立了公共征信系统，由德意志银行负责运行，德国的所有金融机构以及国外公司在德分支机构必须按季度向德意志银行报告数据。德国的私营征信系统，主要是1929年成立的Btmdes Schufa信用局。近年来，益百利公司等征信机构相继在德国成立分支机构，参与到私营征信当中，德国私营征信体系呈开放性、多元化发展态势。

在信用法律建设方面，该模式将个人隐私等权利的保护放在首位，注重保护个人隐私，明确禁止征信机构在公民信用报告中公开公民的生活方式、消费习惯以及收入情况等信息。例如，1970年联邦德国颁布的《个人数据保护法》是世界上最早的关于个人数据保护的法律，并且被欧洲各国所效仿；法国颁布了《信息、档案和个人权利法》；瑞士颁布了《保密法》等。

此外，为维护欧盟的整体利益，20世纪80年代以来，欧盟相继出台了数部社会诚信建设方面的法律，如《关于个人数据处理的个人权利保护及此类数据自由流动的指令》（1995年）、《消费者信用法律、规范、行政条例指令修正案》（1998年）、《电子通讯隐私指令》（2002年）、《个人数据保留指令》（2006年）、《资本重组指令》（2006年）、《银行业指令》（2006年）、《欧盟信用评级机构条例》（2009年）、《欧盟信用评级机构条例修订案》（2011年）、《欧盟信用评级机构监管条例》（2013年）等。

在市场经济体制下，市场是开展各项工作和活动的中心，社会诚信体系建设也一定要围绕市场，即社会诚信体系建设须立足市场，以服务市场为目的。随着市场经济的发展，各国的社会信用体系不会停留在最初的单一模式上。无论是市场主导模式，还是政府主导模式，建立并完善一套相关的诚信法律体系，从而确保市场经济体制的正常运行，维护履约践诺的公开、公平、公正的市场环境都是关键。

4.3.3 “以政府为主导，以市场为驱动”的模式构建

相对于欧美等国而言，尽管我国诚信体系建设起步比较晚，但是近年来受到政府、企业、社会的高度重视和关注。2011年10月，党的十七届六中全会通过的《中共中央关于深化文化体制改革推动社会主义文化大发展大繁荣若干重大问题的决定》提出，要把诚信建设摆在突出位置，大力推进政务诚信、司法诚信、商务诚信、社会诚信建设，抓紧建立健全覆盖全社会的征信系统。2011年10月19日，国务院常务会议对推进社会信用体系建设进行了部署，要求“‘十二五’期间要以社会成员信用信息的记录、整合和应用为重点，建立健全覆盖全社会的征信系统，全面推进社会信用体系建设”。目前，我国已初步构建形成了“以政府为主导，以市场为驱动”的模式。

（1）征信建设

在征信建设方面，为适应社会主义市场经济发展的需要，推动信用

市场健康稳定发展，1997年人民银行开始筹建银行信贷登记咨询系统，2002年建成了电子化的地市、省市和总行三级联网的银行信贷登记咨询系统；2004年开始升级银行信贷登记咨询系统为企业征信系统，2006年建成了全国集中统一的企业征信系统。同时，中国人民银行2004年启动个人征信系统建设，2006年建成全国集中统一的个人征信系统，实现了在全国范围内提供征信服务。

经过多年努力，目前我国已经建成了全球规模最大的征信系统。截至2019年6月，中国人民银行的征信系统已累计收入了9.9亿自然人、2 591万户企业和其他组织的有关信息，个人和企业信用报告日均查询量分别达550万次和30万次，成为世界上收录人数最多、数据规模最大、覆盖范围最广的征信系统，基本覆盖了全国范围内每一个有信用活动的企业和个人。[62] 在个人征信方面，主要有芝麻信用管理有限公司、腾讯征信有限公司、深圳前海征信中心股份有限公司、鹏元征信有限公司、中诚征信有限公司、考拉征信服务有限公司、中智诚征信有限公司、北京华道征信有限公司等市场征信机构。2018年1月31日，人民银行在总结个人征信业务试点经验的基础上，指导芝麻信用管理有限公司、腾讯征信有限公司等8家市场机构联合中国互联网金融协会，组建了市场化个人征信机构——百行征信有限公司，并向百行征信有限公司发放了个人征信牌照，标志着我国征信体系迈向新台阶，加速了我国征信行业的发展。

（2）信用管理与信用法律建设

在信用管理和信用法律建设方面，2005年3月，劳动和社会保障部将信用管理师定为新职业，并颁布了《信用管理师国家职业标准》。2013年，国务院颁布了《征信业管理条例》，中国人民银行配套出台了《征信机构管理办法》《企业征信机构备案管理办法》《征信投诉办理规程》等一系列制度及行业标准。2014年6月，国务院发布的《社会信用体系建设规划纲要（2014—2020年）》提出，要完善金融信用信息基础数据库，推动金融业统一征信平台建设，推进信用信息的交换与共享，到2020年，实现以信用信息资源共享为基础的覆盖全社会的征信系统基本建成，守信激励和失信惩戒机制全面发挥作用。2019年7月

《国务院办公厅关于加快推进社会信用体系建设构建以信用为基础的新型监管机制的指导意见》（国办发〔2019〕35号）明确提出了创新事前环节信用监管、加强事中环节信用监管、完善事后环节信用监管、强化信用监管的支撑保障四个方面的政策措施，旨在建立健全贯穿市场主体全生命周期，衔接事前、事中、事后全监管环节的新型监管机制，不断提升监管能力和水平，进一步规范市场秩序，优化营商环境，推动高质量发展。

针对目前信用监管存在的问题，今后我国将加快推动制定社会信用体系建设相关法律，加快研究出台公共信用信息管理条例、统一社会信用代码管理办法等法规；进一步建立健全全国统一的信用监管规则和标准，及时出台相关地方性法规、政府规章或规范性文件，将信用监管中行之有效的做法上升为制度规范；抓紧制定开展信用监管急需的国家标准。

4.4 强旅游诚信场域建设的路径思考

如前所述，旅游诚信场域主要包括诚信行为主体、诚信规则、诚信资本和诚信惯习。强旅游诚信场域建设是一项十分复杂的系统工程，涉及的组织和领域广泛，其中，政府扮演着极其重要的角色，它主导着旅游诚信场域建设和发展，既是旅游诚信规则的制定者，也是监管者，又是旅游诚信规则的执行者和表率，因此，打造信用政府，建设政务诚信，创造良好的旅游诚信场域环境是旅游诚信场域建设的基础；加强旅游诚信规范建设，道德约束和法律约束双线并进，是旅游诚信场域建设的核心；增加诚信资本，培育诚信惯习，促进旅游诚信主体从他律走向自律，从思想自觉走向行动自觉，是旅游诚信场域建设的关键。

4.4.1 建设政务诚信，发挥政府主导作用，营造旅游诚信营商环境

政府作为旅游诚信场域建设的重要主体，居于主导地位，是旅游诚信规范的制定者、执行者、推动者、实践者和组织者，也是旅游失信行为的裁决者、打击者。政务诚信是指政府在旅游诚信场域建设中发挥示

范带头作用，通过依法行政、守信践诺，对社会、对公民恪守信用准则，取信于民，营造诚实守信的社会环境。政务诚信是建设诚信社会的重要基础，是社会诚信之本。根据《国务院关于加强政务诚信建设的指导意见》（国发〔2016〕76号）的文件精神，为加强政务诚信建设，进一步提升政府公信力，营造良好的诚信旅游环境，在政务诚信建设方面应着重做好以下工作：

（1）坚持政务公开，依法行政

知情权是诚信信息对称的权利基础，也是实现公民基本权利的重要前提。现代诚信以平等、公平为基础，法律既要保障公民对国家公共信息的了解，也要为公民提供了解社会公共信息的渠道。只有在信息对称的情况下，人们才敢于做出和履行承诺，让人们获得社会公平感。因此，坚持政务公开，是从根本上维护公民获取信息的权利，进而推动阳光行政。

①坚持政务公开。

首先，加强决策公开，政府在制定法律法规、规章和规范性文件以及出台重大决策和政策前，除依法应当保密的外，应通过传媒渠道让社会公众广为知晓，广泛听取公众的意见。如2020年10月23日，文化和旅游部发布了《文化和旅游部关于进一步优化营商环境 推动互联网上网服务行业规范发展的通知（征求意见稿）》，公开征求意见。其次，加强对旅游法律法规、重大政策和决策的解读、宣传，让执法者和社会公众广为了解，解决信息不对称问题。最后，通过政府官网、政务客户端、政务微博等途径依法公开政务信息，加快推进法律、政策、决策等在执行过程中的信息公开，建立跟踪反馈评估制度，让政府权力在阳光下运行，建设诚信法治社会。

②坚持依法行政。

首先，各级人民政府以及公务员要始终坚持公平正义准则，坚持守信践诺，坚持知法守法、诚信法治、依法行政，切实履行法定职责必须为、法无授权不可为的准则。各级人民政府和公务员要清正廉洁，恪尽职守，敢于担当。其次，建立健全依法决策机制，将公众参与、专家论证、风险评估、合法性审查、合规性审核、集体讨论决定等作为重大决策的必经程序。再次，要按照权力和责任清单制度要求，切实做到依法决策、依法执行和依法监督。最后，建立健全守信践诺机制，准确记录并客观评价各级人民政府和公务员对职权范围内行政事项以及行政服务质量承诺、期限承诺和保障承诺的履行情况，加大对各级人民政府和公务员失信行为的惩处和曝光力度，追究责任，惩戒到人，营造诚信行政环境。

（2）坚持对旅游失信突出问题、多发领域重点治理，常抓不懈，监管到位

各级人民政府及其公务人员，特别是旅游监管部门，要高度重视旅游领域突出的失信问题，加强对旅游失信的重点企业、重点问题和重点领域的监管和治理，如前文所述的旅游合同、质量、服务等方面存在的突出问题，社会关注程度高、人民群众反映强烈的，如航空、旅行社、酒店等投诉较多的领域。

①建立健全旅游监管制度，实现旅游监管常态化。

例如，针对近年来在线旅游领域中一直存在的备受消费者诟病的大数据“杀熟”、虚假宣传等行业发展痛点、市场监管难点等问题，文化和旅游部颁布实施的《在线旅游经营服务管理暂行规定》明确要求，在线旅游平台经营者应遵守社会主义核心价值观要求，坚守人身财产安全、信息内容安全、网络安全等底线，诚信经营、公平竞争，承担产品和服务质量责任，自觉接受政府和社会的监督，切实维护旅游者的合法权益。同时，《在线旅游经营服务管理暂行规定》要求各级文化和旅游主管部门建立日常检查、定期检查制度，以及多部门联合检查的监督管理制度，依法对在线旅游经营服务实施监督检查，查处违法违规行为。

②严厉打击旅游失信行为，构建旅游诚信体系。

例如，云南作为我国旅游业起步早、发展快的省份之一，在旅游景区建设、特色旅游产品开发、旅游品牌宣传以及旅游目的地打造等多个方面开创了先河，一度成为中国旅游业发展的领跑者和排头兵，但是云南旅游业失信事件屡见不鲜，如组织、接待“不合理低价游”团队，销售“不合理低价游”产品，指定购物场所，擅自变更游览行程，签订

“阴阳合同”逃避检查，强迫或变相强迫消费，虚假宣传等违法违规行为，严重影响了云南旅游业形象。自2017年云南省人民政府印发《云南省旅游市场秩序整治工作措施》以来，截至2019年4月，两年共查处涉旅案件3 755件，罚没款1.3亿元[63]。2018年8月10日，云南省人民政府召开新闻发布会，针对全省旅游产业存在的突出问题，提出通过根除“不合理低价游”，严厉打击涉旅违法犯罪行为，进一步加强旅游团队运行监管等，深化旅游市场秩序整治；通过建立旅游服务“云南标准”，建立旅游服务动态管理机制，建立旅游服务评价体系等，构建云南旅游诚信体系。截至2020年6月，云南省已完成14.7万余家涉旅经营户诚信评价，旅游市场“守信激励、失信惩戒”的优胜劣汰环境正逐步形成。[64]

4.4.2 道德教化约束和法律约束双线并进，制定旅游诚信规则

诚信规则是旅游诚信场域建设的重要构件，是作用于旅游行为主体的重要约束力量，旅游诚信规则主要包括诚信道德软约束规则和诚信法律硬约束规则。旅游业作为百姓五大幸福产业之首，社会关注度高，近年来失信问题频发，只有软、硬规则双线并进，才能有效治理旅游失信行为，建设强旅游诚信场域。

（1）加强旅游诚信道德教化，促进旅游诚信自律行为

俗话说有什么样的思想，就会有什么样的行动。如果诚实守信的思想在人们的头脑中、意识里根深蒂固，那么诚信价值观必然指引着人们践约履诺，一言九鼎。旅游诚信道德教化既包括对人们意识形态领域的旅游诚信教育，也包括旅游行为中对诚信规范的教导。

①在全社会宣传和弘扬社会主义诚信价值观。

借助各种媒介，在旅游监管部门、旅游企业、旅游消费者中宣传诚信，将诚信文化作为旅游企业和旅游消费者的核心文化，促使旅游行为主体树立“守信为荣、失信为耻”的诚信价值观。如通过开展旅游诚信案例宣讲活动，重点选取一些践约履诺、游客认可的先进典型旅游企业进行宣传展示；也可选取一些虚假宣传、恶性价格竞争、合同欺诈、强

制消费等失信典型案例进行教育警示，引导旅游企业、旅游者树立正确的消费观念，营造诚实守信的良好社会风尚。

②通过诚信教育和感化，强化旅游主体对诚信价值的认同。

通过建立旅游诚信“红”“黑”名单制度，大力宣传和奖励诚信旅游企业、诚信模范人物，严厉谴责和处罚失信旅游企业和个人，进行正面和负面的诚信教育和感化，增强旅游主体对诚信的认同，推进诚信旅游意识的树立和强化。例如，2015年6月1日，由国家发改委、中国人民银行指导，国家信息中心主办，百度公司提供技术支持和运维的“信用中国”网站正式上线运行，通过对有关信用的新闻事件及政策法规进行集中展示，对守信联合激励及失信联合惩戒的工作进行长效宣传，让诚信理念、诚信意识和诚信道德观深入人心，目前已经成为政府褒扬诚信、惩戒失信的总窗口。

③在诚信道德教化过程中，要注重旅游行为主体诚信意识的培养与提高。

要加强诚信教育，使诚信意识演化成旅游行为主体内心深处的社会责任感、使命感和诚信价值观，并在旅游活动中转化为诚信自律行为，从而使旅游场域中的每一个主体都能够自觉遵守诚信原则，遵守践约履诺的社会秩序。

（2）加强诚信法律法规建设，促进旅游诚信由他律走向自律

“制度是为降低人们互动中的不确定性而存在的”。[65] 法律法规作为制度的主要形式，切实保障了公民权益，解决了在社会实践活动中诚信关系的不确定性问题。诚信立法也是推进社会诚信体系建设的首要形式，通过诚信法治规范建设，使诚信成为人们社会活动的基本行为准则。

①加强旅游诚信立法建设。

我国政府高度重视旅游诚信立法工作，2013年4月25日，十二届全国人大常委会第二次会议表决通过了《中华人民共和国旅游法》，该法对社会公众高度关注的旅游领域各种失信乱象，如零负团费、虚假宣传、景区高票价、强迫购物、旅游者维权困难等问题，做出了明确规定。《中华人民共和国旅游法》的颁布实施为中国旅游业持续健康发展

奠定了重要的制度基石。但是，随着旅游业的快速发展，新业态、新技术等的不断涌现，旅游失信行为的手段和方式方法的隐蔽，诚信法律法规建设也需要加快，同时也需要更具前瞻性和系统性。

②加强旅游诚信制度系统化建设。

各级政府和各级旅游管理部门应抓紧建立健全和完善旅游领域信用记录制度、信用信息公示制度、诚信评价制度、诚信结果运用制度、社会监督制度等配套制度体系，为旅游诚信体系建设提供制度保障。

③加强旅游诚信监管和联合执法。

旅游业是一个长链产业，涉及吃、住、行、游、购、娱等多个环节，具有涉及范围广、带动系数大、消耗资源低、创造就业多等特点。因此，《中华人民共和国旅游法》明确规定由国务院建立健全旅游综合协调机制，对旅游业发展进行综合协调。县级以上地方人民政府应当加强对旅游工作的组织和领导，明确相关部门或者机构对本行政区域内的旅游业发展和监督管理进行统筹协调。2018年以来，为加快推进旅游诚信体系建设，加大对旅游领域严重失信行为的惩戒力度，文化和旅游部与26个部门联合签署并实施了《关于对旅游领域严重失信相关责任主体实施联合惩戒的合作备忘录》，坚持市场监测与信用监管并重、推进旅游行政执法与刑事司法衔接，加强联合执法，促进旅游诚信体系建设，使诚信经营的旅游市场导向得到强化。

4.4.3 增加诚信资本，培育旅游诚信场域惯习

诚信资本作为旅游诚信场域重要的经济和社会资源，是场域中行为人追逐的对象和目标，旅游诚信资本价值越高，行为人越会重视并珍惜它。因此，提高旅游诚信资本价值，引导并培育旅游行为主体诚实守信、践约履诺的惯习，是强旅游诚信场域建设的重要内容之一。增加旅游诚信资本，培育场域诚信惯习，可以着手做好以下工作：

(1) 建立旅游市场主体信用记录，使旅游诚信资本可以累积、查询

在陌生人社会中，人们无法凭借记忆对诚信资本进行记录，因此要建立一套新的旅游诚信资本记录方式，明确信用信息采集目录，在注册登记、市场准入、资质审核、公共服务、日常监管等过程中，及时、准

确、全面记录行为主体的信用行为，特别是对失信行为记录建档留痕，做到可查、可核、可溯，形成旅游行为主体信用资本档案。目前，我国旅游信用体系建设尚在起步阶段，应加快旅游征信制度建设，完善法人和非法人组织统一社会信用代码制度，以统一社会信用代码为标识，整合形成完整的市场主体信用记录；同时，要加快旅游者个人征信制度建设，如将个人信用与旅游业融合，不仅可以在护照、签证等方面，通过对旅游者进行信用审查，帮助高信用度的用户减少出游审查程序、减轻押金负担，还可以把失信的旅游者纳入“黑名单”，限制其旅游消费，提高旅游者诚信旅游的意识。

（2）建立旅游诚信资本评估制度，定期发布评估结果，接受全社会对旅游行为主体的监督

征信的目的是通过行为人的诚信记录，对行为人的信用状况进行评估，以便让本人及社会公众知晓其信用状况，为是否与其交往或交易提供决策依据。旅游监管部门也可以依据评估结果对监管对象进行分级分类，根据信用等级采取差异化的监管措施。

目前，我国尚未出台统一的旅游企业及旅游消费者信用评估标准，有些地方政府出台了旅游信用等级评估办法或制度，对旅游诚信资本评估进行了有益的探索。例如，甘肃省文化和旅游厅于2020年9月16日发布了《关于开展文旅企业信用等级评估的通知》，拟首批对全省68家经营出境旅游业务的旅行社、104家4A级以上的景区、94家四星级以上的星级饭店进行信用等级评估。此次评估主要通过第三方评估机构，从企业素质、信用信息质量、企业管理水平、经营能力、财务水平、诚信记录六个方面对评级主体进行评估，评级结果分为A、B、C、D四个等级，甘肃省文化和旅游厅为信用等级为A级的旅游企业授予“诚信旅游企业”称号，并颁发证书；将诚信评级结果为B级以上（含B级）的旅游经营者列入政府公务采购推荐名单，各级文化和旅游主管部门在旅游宣传促销中优先予以推荐；对评级结果为C级的旅游经营者实施特别关注，并督促其整改；对评级结果为D级的旅游经营者实行重点监督，并限期整改。我国需要加快建立并实施旅游企业和旅游者的信用等级评估制度，通过定期发布评估结果，充分发挥诚信资本对诚信主体的内在

驱动作用。

（3）增加诚信资本的价值，培育旅游诚信场域惯习

诚信惯习位于行为人的思维深层结构中，是在长期社会实践中积累下来的。诚信惯习影响着行为人在面对具体事件时是守信还是失信，尽管很多时候的决定表面看来是经过深思熟虑的，但这种深思熟虑依然受惯习的影响。建设强旅游诚信场域必须从培育旅游诚信惯习开始。一方面，可以通过增加旅游诚信资本价值，培育旅游行为主体的诚信惯习。如通过加大对旅游失信行为的惩戒力度，使其因失信行为而导致诚信资本损失惨重，即由于失信行为而使其经济损失、社会声誉损失惨重的话，会促使其对诚信产生敬畏，会不遗余力地遵守诚信原则，积极践约履诺，久而久之，就会养成诚信惯习。另一方面，通过加强对诚信价值观念的教育，抑制唯利主义，借助社会舆论工具，积极宣传诚信旅游典型案例、做法及其效果，营造良好的旅游诚信社会氛围，积极培育诚信惯习。

5 江苏旅游诚信体系建设实证研究

5.1 江苏旅游业发展概况

江苏省经济综合竞争力居全国前列，是中国经济最活跃的省份之一，与上海、浙江、安徽共同构成的长江三角洲城市群是六大世界级城市群之一。《江苏省第七次全国人口普查公报》发布的数据显示，截至2020年11月，江苏省常住人口为84 748 016人，位居全国第四位，是中国人口密度第一大省。江苏省统计局发布的数据显示，2020年，江苏全省地区生产总值达到10.2719万亿元，成为继广东省之后，全国第二个地区生产总值超过10万亿元的省份，经济规模与加拿大、俄罗斯、韩国等国家大致相当；人均地区生产总值达到12.5万元，自2009年起连续12年稳居全国各省（区）之首。[66] 其中，旅游业持续增长，2020年受疫情影响，旅游业总收入有所下降，全省接待境内外游客4.73亿人次，实现旅游总收入8 250.59亿元，分别恢复到2019年的53.7%和57.6%，其中，接待国内旅游人次、国内旅游收入恢复程度分别高出全国平均5.9和19.6个百分点。[67]

作为旅游大省，江苏省旅游资源丰富。截至2019年12月，江苏省共拥有国家历史文化名城13座，中国历史文化名镇和江苏省历史文化名镇32座，江苏省历史文化名城3座，中国历史文化街区5处，拥有的国家历史文化名城、中国历史文化名镇和中国历史文化街区的数量均列全国首位。江苏省有4处世界遗产（另有3处正申遗中）、5A级景区23家、4A级景区超100家、6处国家级旅游度假区、2处国家级地质公园、3处国家级自然保护区、16个国家级森林公园、5处国家重点风景名胜区、28座全国优秀旅游城市、120处全国重点文物保护单位、645处省级文物保护单位。江苏省非物质文化遗产众多，已有联合国教科文组织"人类非物质文化遗产代表作"10项、国家级非物质文化遗产代表性项目125个、国家级非物质文化遗产代表性传承人132名、国家级非物质文化遗产生产性保护示范基地5个、省级非物质文化遗产代表性项目611个、省级非物质文化遗产代表性传承人532名、省级非物质文化遗产传承示范基地21个、非物质文化遗产生产性保护示范基地25个、非物质文化遗产研究基地14个、文化生态保护实验区10个。[68]

旅游业不仅是经济发展的重要力量，也是衡量人民生活质量和幸福指数的民生产业。作为五大幸福产业之首，旅游业肩负重要且光荣的使命——旅游业要让人民幸福。因此，旅游业发展既要考虑经济方面的诉求，更应该考虑社会方面的诉求，特别是让人们通过旅游实现对幸福生活和美好事物的追求。秉承"诚信旅游"的价值导向，以"零容忍"的态度，打击旅游失信行为，让人们在欣赏江苏自然风光、名胜古迹、风土人情，以及了解江苏历史文化、文学艺术、经济发展状况和科技进步的同时，更加深刻地感受江苏人民的诚信道德底蕴和诚信文化内涵，打造"江苏旅游服务"品牌，满足人民对美好生活的向往，增强旅游者的获得感和幸福感，是江苏旅游业高质量发展的必由之路。

5.2 江苏旅游市场旅游者投诉现状分析

积极有效地处理旅游者投诉，提升旅游者满意度是旅游诚信体系建设的重要内容。下面通过江苏文化和旅游厅发布的相关数据，分析江苏旅游市场旅游者投诉现状。

5.2.1 旅游投诉量情况分析

根据江苏省文化和旅游厅公布的数据（如表5-1所示），2016—2020年，三大旅游市场受理旅游投诉分别为1 534件，2 766件、3 282件、3 986件、7 136件，受理旅游投诉总量呈现上升趋势（如图5-1所示）；每年旅游投诉高峰主要集中在旅游旺季的第三季度，2020年受新冠肺炎疫情影响，第一季度旅游投诉最多（如图5-2所示）。

表5-1 2016—2020年江苏省三大旅游市场投诉情况统计

年份	季度	总数	入境游	国内游	出境游
2016年度	第一季度	328	0	172	156
	第二季度	332	1	206	125
	第三季度	485	0	282	203
	第四季度	389	1	242	146
	合计	1 534	2	902	630
2017年度	第一季度	420	1	255	164
	第二季度	671	0	442	229
	第三季度	942	1	728	213
	第四季度	733	0	525	208
	合计	2 766	2	1 950	814
2018年度	第一季度	694	0	491	203
	第二季度	882	0	655	227
	第三季度	1 017	0	718	299
	第四季度	689	1	486	202
	合计	3 282	1	2 350	931

续表

年份	季度	总数	入境游	国内游	出境游
2019年度	第一季度	511	0	255	256
	第二季度	930	5	564	361
	第三季度	1 601	11	961	629
	第四季度	944	0	580	364
	合计	3 986	16	2 360	1 610
2020年度	第一季度	2 768	0	1 147	1 621
	第二季度	1 781	0	796	985
	第三季度	1 324	1	1 113	210
	第四季度	1 263	0	1 210	53
	合计	7 136	1	4 266	2 869

（资料来源：根据江苏省文化和旅游厅发布的2016—2020年江苏省三大旅游市场投诉情况统计数据整理得出）

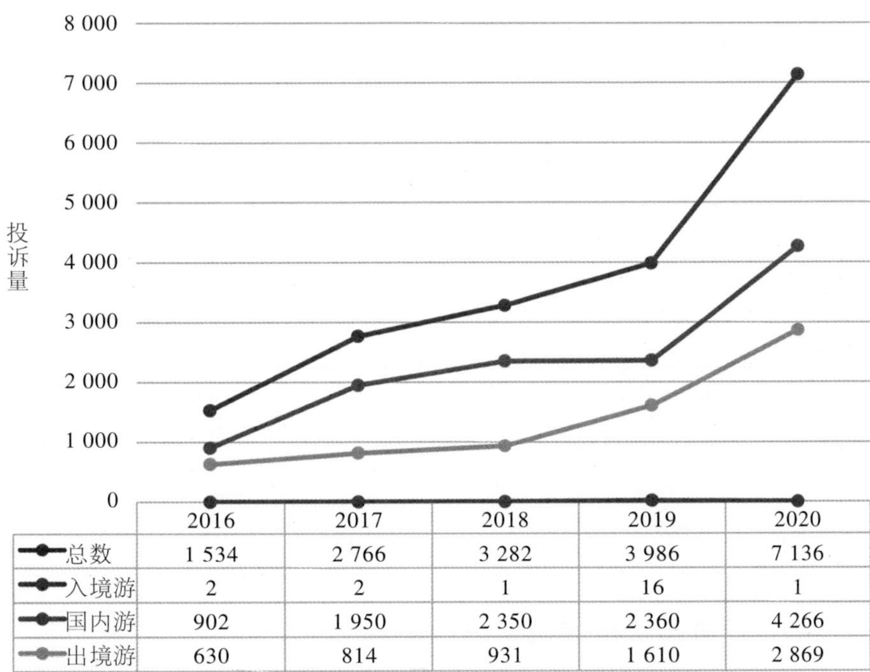

图5-1　江苏省2016—2020年三大旅游市场旅游投诉总量统计图

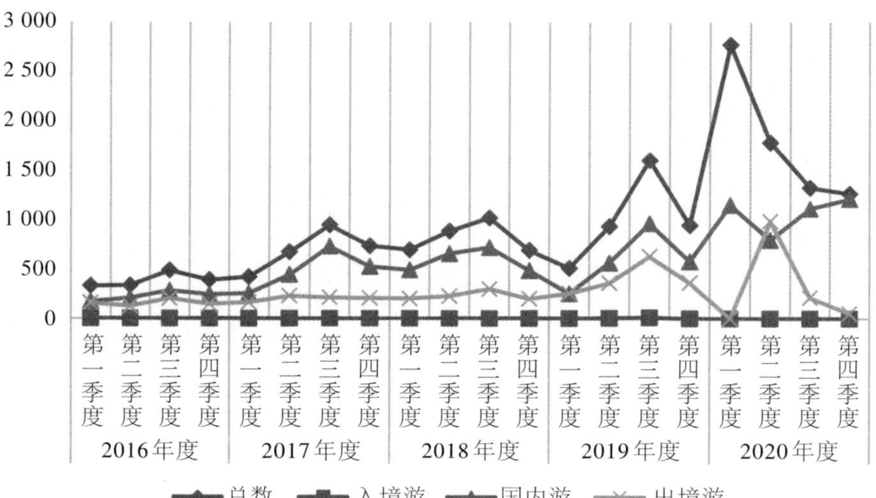

图5-2 江苏省2016—2020年第一季度旅游投诉分季度统计图

2020年，受新冠肺炎疫情影响，江苏省三大旅游市场总体投诉率较高，特别是第一季度创历史新高。全省第一季度接待国内游投诉旅游者2 454人次，受理国内游投诉1 147件，占全部投诉的41.44%；接待出境游投诉旅游者3 365人次，受理出境游投诉1 621件，占全部投诉的58.56%。与2019年同期相比，国内游投诉量、出境游投诉量以及投诉总量分别增长了350%、533%和442%（如表5-2所示）。

表5-2 **江苏省2020年第一季度三大市场投诉情况**

类别	总数	国内游	出境游	入境游
2020年第一季度投诉量（件）	2 768	1 147	1 621	0
2019年第一季度投诉量（件）	511	255	256	0
2020年第一季度投诉量比2019年同期增长	442%	350%	533%	0
2020年第一季度投诉人次	5 819	2 454	3 365	0
2019年第一季度投诉人次	974	496	478	0
2020年第一季度投诉人次比2019年同期增长	497%	395%	604%	—

5.2.2 旅游投诉领域情况分析

旅游投诉集中在旅行社、饭店、景区、交通、购物等领域，其中对旅行社投诉最多。江苏省文化和旅游厅公布的统计数据显示，2016—2020年，全省旅游投诉主要集中在旅行社、景区、饭店、购物、交通五个领域（如表5-3、图5-3所示）。从数据来看，旅行社投诉量呈现稳中有升趋势（如图5-4所示），旅行社投诉量占总投诉量的比例最高，占比高达80%左右（如图5-5所示）；景区投诉量总体呈上升趋势（如图5-6所示），景区投诉量仅次于旅行社，位居第二，景区投诉量占比在10%～20%（如图5-7所示）；饭店投诉量总体呈现稳中有升的趋势（如图5-8所示），饭店投诉量占总投诉量的比例在2%左右（如图5-9所示）。

表5-3　　2016—2020年江苏省投诉对象分类统计表

年份	季度	旅行社	饭店	景区	交通	购物	餐饮	其他
2016年度	第一季度	272	9	40	3	1	0	3
	第二季度	249	12	57	3	1	1	9
	第三季度	405	12	58	0	3	0	7
	第四季度	316	14	46	0	4	0	9
	合计	1 242	47	201	6	9	1	28
2017年度	第一季度	357	11	48	2	0	2	0
	第二季度	594	8	62	2	1	1	3
	第三季度	853	12	74	0	1	0	2
	第四季度	609	22	95	0	1	1	5
	合计	2 413	53	279	4	3	4	10
2018年度	第一季度	517	19	132	3	4	0	19
	第二季度	666	23	187	1	0	1	4
	第三季度	807	14	187	0	0	0	9
	第四季度	532	14	130	0	3	0	10
	合计	2 522	70	636	4	7	1	42

续表

年份	季度	旅行社	饭店	景区	交通	购物	餐饮	其他
2019年度	第一季度	398	16	89	0	2	0	6
	第二季度	738	7	177	2	2	0	4
	第三季度	1 366	22	190	4	5	3	11
	第四季度	770	22	130	3	5	5	9
	合计	3 272	67	586	9	14	8	30
2020年度	第一季度	2 690	31	43	0	1	0	3
	第二季度	1 587	35	142	1	5	2	0
	第三季度	960	34	246	2	7	2	73
	第四季度	833	92	274	6	21	0	37
	合计	6 070	192	705	9	34	4	113

（资料来源：根据江苏省文化和旅游厅发布的2016—2020年江苏省旅游市场投诉情况统计数据整理得出）

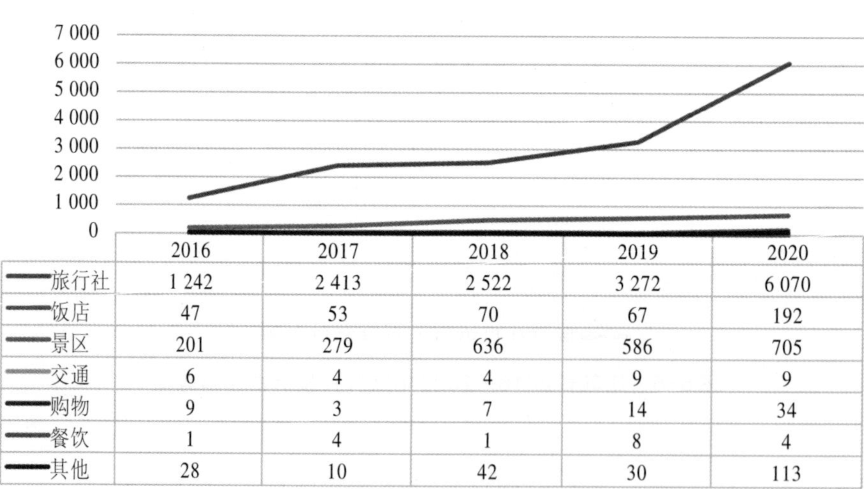

	2016	2017	2018	2019	2020
旅行社	1 242	2 413	2 522	3 272	6 070
饭店	47	53	70	67	192
景区	201	279	636	586	705
交通	6	4	4	9	9
购物	9	3	7	14	34
餐饮	1	4	1	8	4
其他	28	10	42	30	113

图5-3 江苏省2016—2020年旅游投诉对象分类统计图

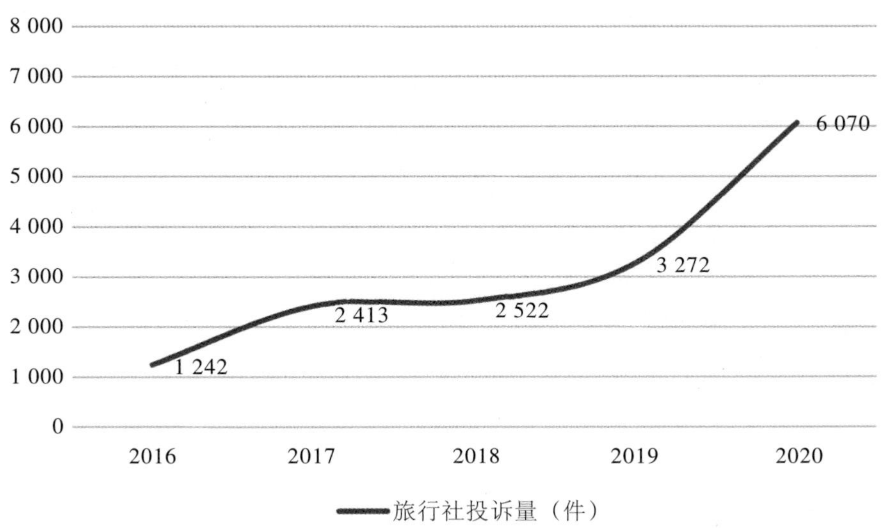

图 5-4　江苏省 2016—2020 年旅行社投诉趋势图

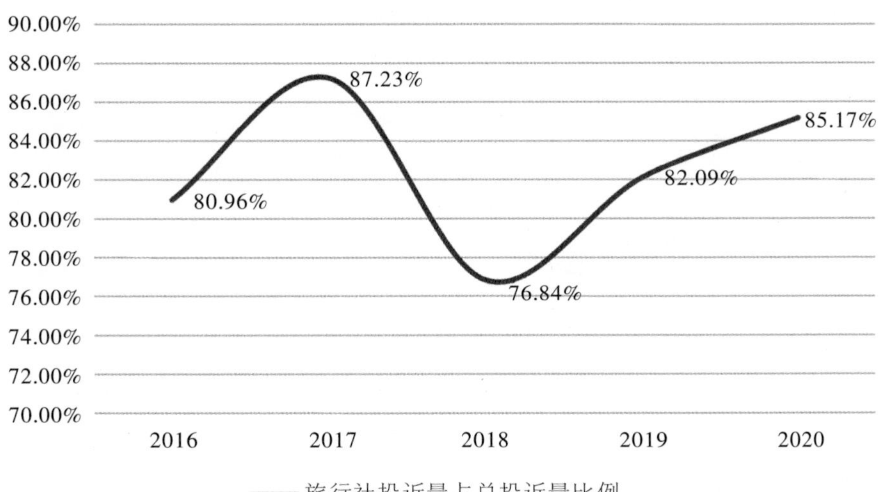

图 5-5　江苏省 2016—2020 年旅行社投诉占比趋势图

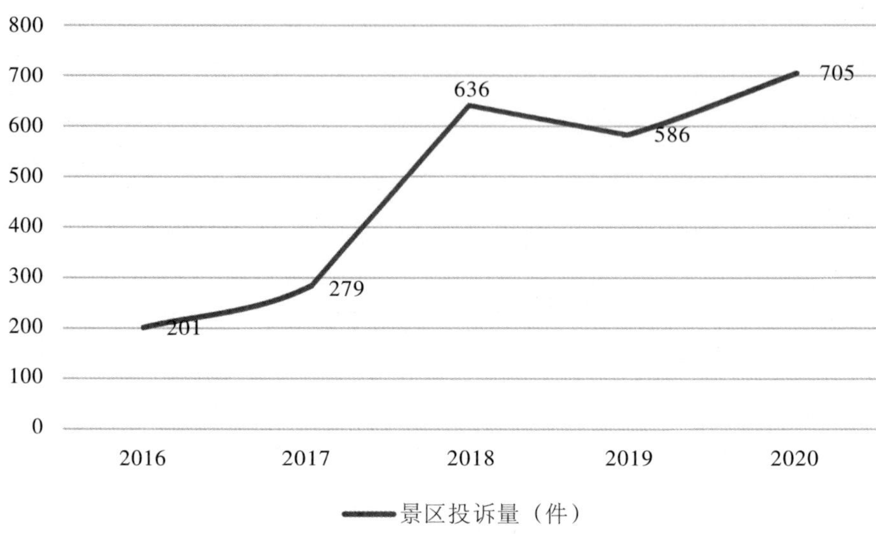

图5-6 江苏省2016—2020年景区投诉趋势图

图5-7 江苏省2016—2020年景区投诉占比趋势图

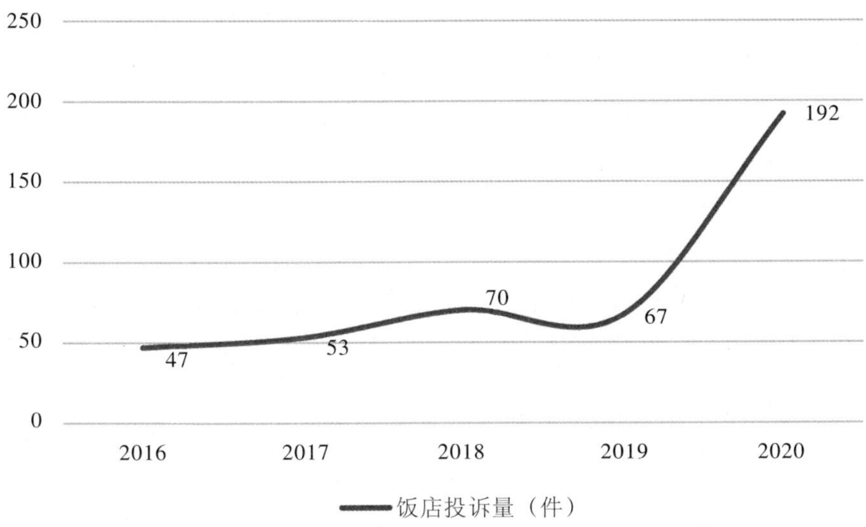

图 5-8　江苏省 2016—2020 年饭店投诉趋势图

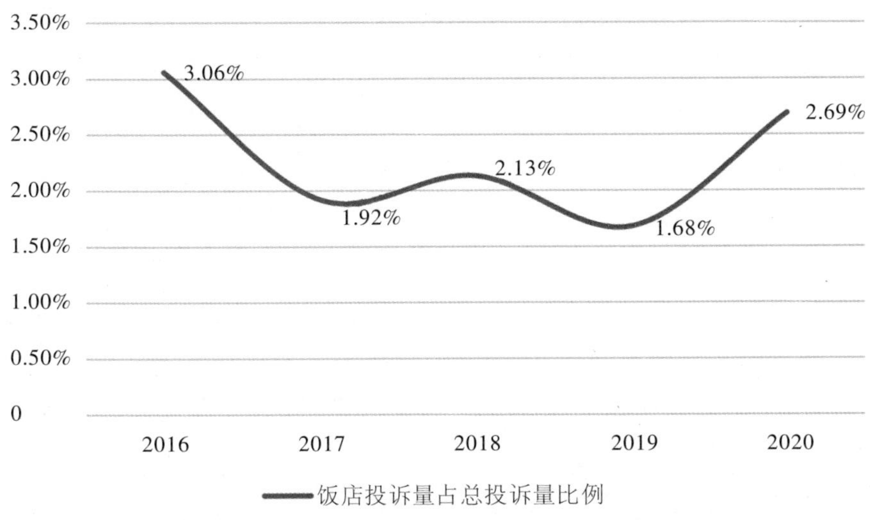

图 5-9　江苏省 2016—2020 年饭店投诉占比趋势图

5.2.3　旅游投诉内容情况分析

投诉内容主要集中于服务质量、旅游合同等方面。其中，服务质量不达标以及不遵守合同，擅自增减项目、降低等级标准等成为投诉重灾区。根据江苏省文化和旅游厅 2016—2020 年公布的数据，在旅行社方面，旅行社责任投诉主要针对降低等级标准、擅自增减项目、导游未尽职责、延误变更日程等。旅行社投诉多，与近年来日益发达的在线旅游有关，一方面，旅游者在线购买旅游产品，下单前可能没有看清网站的各项条款，没有仔细阅读旅游行程中的各项条款和规定；另一方面，旅行社在住宿标准、用餐标准、旅行行程、交通服务等信息展示上存在盲点和误区，导致旅游者投诉旅行社。具体如表5-4、图5-10、图5-11所示。

表5-4　**2016—2020年江苏省旅行社服务质量投诉分类情况统计表**

年份	季度	降低等级标准	擅自增减项目	导游未尽职责	延误变更日程	其他
2016年度	第一季度	60	22	54	23	169
	第二季度	37	57	31	25	182
	第三季度	61	63	64	30	267
	第四季度	49	41	60	29	210
	合计	207	183	209	107	828
2017年度	第一季度	45	30	71	51	223
	第二季度	96	66	107	64	338
	第三季度	216	117	133	119	357
	第四季度	139	99	119	85	294
	合计	496	312	430	319	1 212
2018年度	第一季度	45	30	71	51	223
	第二季度	117	4	91	102	458
	第三季度	148	119	111	97	542
	第四季度	97	75	80	90	347
	合计	407	228	353	340	1 570
2019年度	第一季度	80	69	46	43	273
	第二季度	137	56	39	135	563
	第三季度	120	143	93	311	932
	第四季度	100	60	69	195	513
	合计	437	328	247	684	2 281
2020年度	第一季度	34	14	31	165	2 524
	第二季度	21	2	5	29	1 530
	第三季度	77	22	32	149	658
	第四季度	118	16	40	195	—
	合计	250	54	108	538	4 712

（资料来源：根据江苏省文化和旅游厅2016—2020年发布的江苏省旅游市场投诉情况统计数据整理得出）

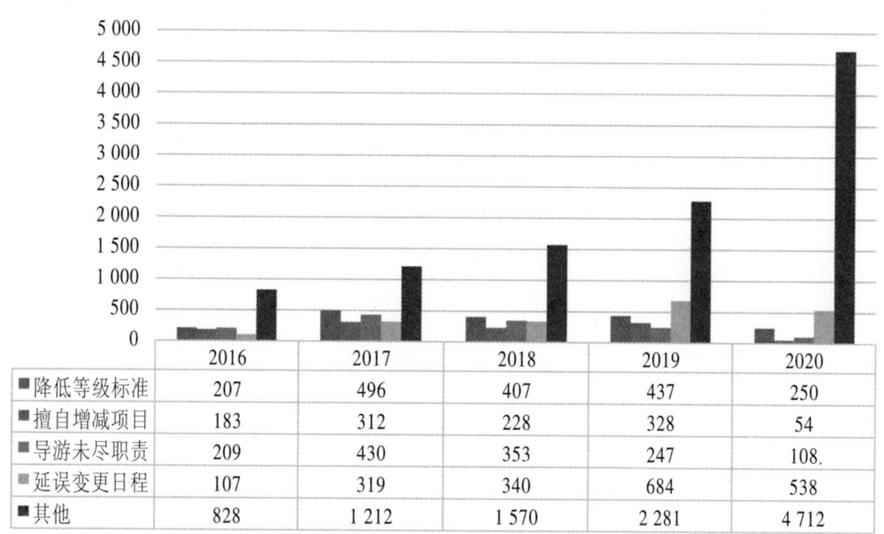

	2016	2017	2018	2019	2020
■降低等级标准	207	496	407	437	250
■擅自增减项目	183	312	228	328	54
■导游未尽职责	209	430	353	247	108.
■延误变更日程	107	319	340	684	538
■其他	828	1 212	1 570	2 281	4 712

图 5-10　江苏省 2016—2020 年旅行社服务质量投诉分类情况统计图

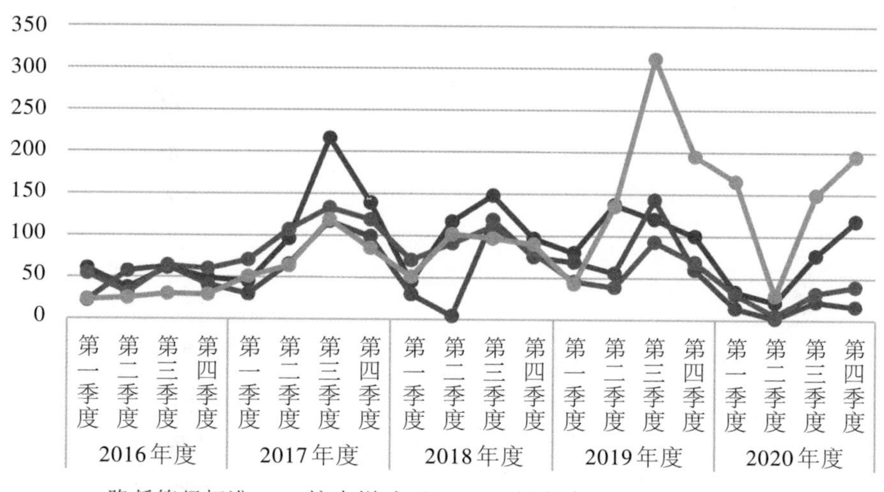

图 5-11　江苏省 2016—2020 年旅行社服务质量投诉分类分季度情况统计图

在景区方面，投诉主要针对景区人员服务质量差、景区乱收费、交通拥堵、停车场所及景区周边管理等问题，尤其是节假日期间，交通拥堵、捆绑收费的问题比较突出。

在饭店方面，投诉主要针对住宿环境与宣传不符、退订遇阻，以及卫生问题、服务质量问题等。

2020 年受新冠肺炎疫情影响，投诉量增加。以旅行社为例，全省第一季度共受理旅行社投诉2 768件，其中，旅行社责任投诉244件，占总投诉量的8.82%；其他非责任投诉2 524件，占全部投诉量的91.18%。全省第二季度共受理旅行社投诉1 587件，其中，旅行社责任投诉57件，占总投诉量的3.59%；其他非责任投诉1 530件，占全部投诉量的96.41%。全省第三季度共受理旅行社投诉938件，其中，旅行社责任投诉280件，占总投诉量的29.85%；其他非责任投诉658件，占全部投诉量的70.15%。

5.2.4 旅游投诉结案赔偿情况分析

近年来，江苏省高度重视旅游投诉的结案和赔偿工作。在旅游投诉结案赔偿方面，2018年以来，总赔偿金额和旅游投诉者有效获赔逐年提升（如表5-5、图5-12所示）。2018年赔偿总金额为363.5562万元；2019年赔偿总金额为662.3854万元；2020年赔偿总金额为1 058.358459万元。旅游投诉者有效获赔也逐年提升，2018—2020年，平均分别为851.25元/人次、1 075.275元/人次、1 948.06元/人次。

表5-5 2018—2020年江苏省旅游投诉结案、赔偿情况一览表

年度	季度	已结案（件）	涉及旅游者（人次）	赔偿结案（件）	赔偿结案占已结案件比例	赔偿总金额（元）	获赔旅游者（人次）	旅游投诉者有效获赔（元/人次）
2018	第一季度	683	1 718	392	57.39%	620 701	1 049	591.71
	第二季度	871	1 033	476	54.65%	484 804	819	591.95
	第三季度	1 006	2 154	602	59.84%	1 531 502	1 174	1 304.52
	第四季度	686	1 270	390	56.85%	998 555	1 089	916.95
2019	第一季度	498	956	268	53.82%	462 576	548	844.12
	第二季度	875	1 750	523	59.77%	1 134 024	1 235	918.24
	第三季度	1 574	3 743	893	56.73%	4 142 191.5	2 571	1 611.12
	第四季度	921	2 285	527	57.22%	885 062.5	954	927.74
2020	第一季度	2 231	4 675	1 480	66.34%	5 185 274.83	3 134	1 654.52
	第二季度	1 348	2 785	723	53.64%	4 180 588.9	1 865	2 241.6
	第三季度	1 204	—	479	39.78%	869 181.7	—	—
	第四季度	1 200	—	539	44.92%	348 539.16	—	—

（资料来源：根据江苏省文化和旅游厅2018—2020年发布的江苏省旅游市场投诉情况统计数据整理得出）

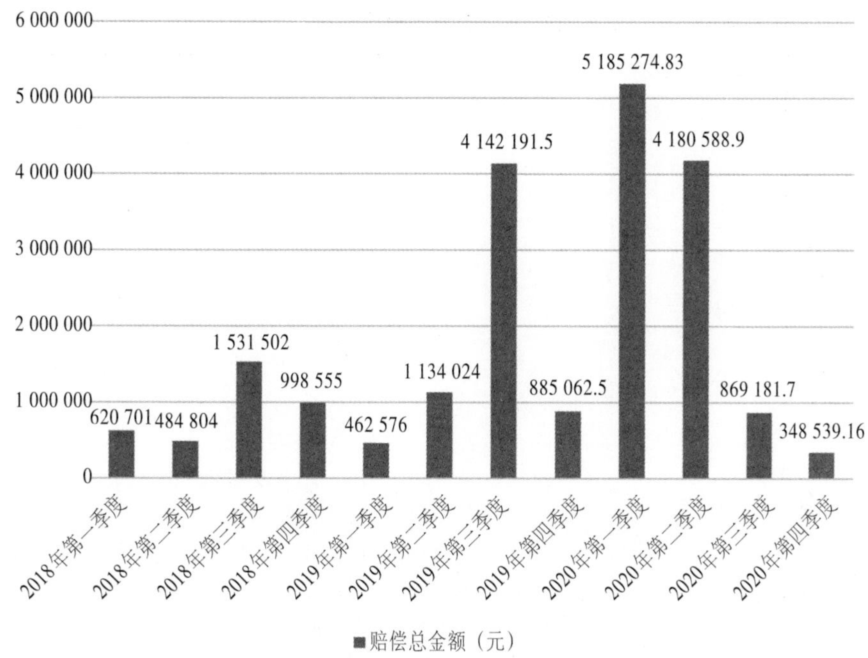

图5-12　江苏省2018—2020年旅游投诉赔偿额情况

综上，可以看出增加旅游者投诉渠道，有效处理旅游者投诉，是江苏旅游诚信建设的重要内容，只有不断加强旅游诚信体系建设，对旅游市场失信行为零容忍，加大旅游监管力度，提升旅游企业的诚信行动自觉，才能有效维护旅游者合法权益，加快诚信江苏建设，促进江苏旅游企业高质量发展。

5.3　江苏旅游诚信体系建设实况

5.3.1　江苏社会诚信体系建设历程

诚信是市场经济发展的重要条件，是社会和谐的重要基础，是人民群众的心之所盼。江苏取得的社会经济成就，与江苏社会诚信体系建设密不可分。笔者对江苏社会诚信体系建设情况进行了梳理，整理出表5-6。

表5-6 江苏省社会诚信体系建设历程一览表

时间	政策法规文件	主要目标	主要举措
2004年	《江苏省政府关于加快推进社会信用体系建设的意见》(苏政发〔2004〕93号)	完善“一个保障”，建立“两个体系”，实现“三个提高”，打造“诚信江苏”。到2010年，信用法规基本健全，信用市场有序发展，信用服务初具规模，信用监督和失信惩戒机制有效运行，基本形成诚实守信的社会经济环境，为江苏经济社会可持续发展赢得新的竞争优势	1.成立省社会信用体系建设领导小组，负责全省社会信用体系建设工作，协调解决工作中的重大问题。 2.努力提高诚信意识。 3.逐步完善信用监督。建立省公共信用信息平台，建立与互联网连接的专门网站，成立省公共信用信息中心。 4.有序发展信用服务。建立市场准入和退出机制，组建由省政府特许经营的中介机构。 5.大力提升政府信用。 6.加强企业信用建设。 7.推进个人信用管理。 8.建立健全信用法规。研究制定《江苏省公共信用信息归集和使用暂行办法》
	《江苏省公共信用信息归集和使用暂行办法》(苏政办发〔2004〕114号)	加快社会信用体系建设，增强全社会信用观念和风险防范意识，促进江苏省公共信用信息公开与共享	1.设立江苏省公共信用信息中心。 2.建立公益性的数据库和网站。2005年正式开通“信用江苏”网站和公共信用信息平台。 3.对企业和个人公共信用信息归集、公布、使用、异议处理、监督管理等活动进行规范
2005年	《省政府办公厅关于成立省社会信用体系建设领导小组的通知》(苏政办发〔2005〕36号)	加强对全省社会信用体系工作的领导	成立省社会信用体系建设领导小组，作为江苏省社会信用体系建设的领导和协调机构，由江苏省委常委、常务副省长担任组长，副省长任副组长，省经贸委主任、省委宣传部等25个部门相关领导为成员，领导小组办公室设在省经贸委

续表

时间	政策法规文件	主要目标	主要举措
2007年	《中共江苏省委 江苏省人民政府关于加快推进诚信江苏建设的意见》(苏发〔2007〕14号)、《江苏省个人信用征信管理暂行办法》(省政府令第37号)、《江苏省企业信用征信管理暂行办法》(省政府令第38号)	到2010年，基本建立与率先全面建成小康社会相适应的社会信用体系，诚信江苏建设取得突破性进展。加快“一网三库”建设。到2020年，率先建立符合国际惯例、体现江苏特色、适应发展要求、比较完善的社会信用体系，诚信江苏建设水平全面提升，努力在信用法规制度、信用监督体系、企业与个人征信系统以及信用服务体系建设等方面走在全国前列	1.加快推进政务诚信建设。 2.全面推进商务诚信建设。 3.着力推进社会诚信建设。 4.建立健全信用法规体系。 5.加快信用基础设施建设。 6.大力发展信用服务业。 7.建立完善信用激励和惩戒机制。 8.加快信用专业人才队伍建设。 9.加强诚信宣传教育和诚信文化建设。 10.加强组织领导，建立管理机构。 11.科学制定规划，强化政策扶持。 12.明确工作责任，强化督查考核
2008年	《省政府办公厅关于印发江苏省社会信用体系建设三年行动计划的通知》(苏政办发〔2008〕8号)、《关于印发〈江苏省信用服务机构备案办法(试行)〉的通知》(苏信用办〔2008〕19号)	到2010年，基本建立与江苏省小康社会相适应、符合国情的社会信用体系基本构架和运行机制，基本建立“一网三库”，信用服务行业市场初具规模，信用产品得到推广和应用，政府公信力、企业信用度和社会诚信意识明显提升，社会诚信环境明显优化	1.建立信用法规政策体系，完善信用激励和惩戒机制。 2.建设“一网三库”信用信息系统，促进信息公开和资源共享。 3.推进信用产品广泛使用，营造信用服务市场环境。 4.强化信用市场监管，促进信用市场规范发展。 5.建立企业信用管理制度，加强行业信用监管。 6.加强诚信宣传教育，增强社会信用意识。 7.共建信用长三角，打造区域信用品牌

续表

时间	政策法规文件	主要目标	主要举措
2010年	《关于开展信用管理示范企业创建工作的意见》(苏经信信用〔2010〕292号)、《关于印发〈江苏省2010年信用管理示范企业创建工作实施方案〉的通知》(苏信用办〔2010〕13号)	按照省委、省政府确定的诚信江苏和社会信用体系建设目标任务，全力推进信用管理“万企贯标、百企示范”工程	1.出台江苏省企业信用管理贯标和示范创建工作实施办法（试行)。 2.制定《江苏省信用管理示范企业创建标准（试行）》。 3.组织全省4万多家规模以上工业企业开展信用管理贯标，建立健全企业信用管理体系，形成第三方咨询评估运作机制；围绕各行业和重点产业链中的龙头骨干企业，培育和树立一批经得起时间和实践考验的信用管理示范企业，以点带面，引领广大企业持续扎实开展信用建设
2011年	《关于实施信用管理万企贯标、百企示范工程的意见》(苏信用办〔2011〕28号)、《关于印发〈江苏省企业信用管理贯标和示范创建工作实施办法（试行）〉的通知》(苏信用办〔2011〕29号)	“十二五”期间，实现信用管理“万企贯标、百企示范”工程的工作目标。到2015年，实现全省贯标企业达1万家，省级信用管理示范企业达100家	在全省范围内组织实施企业信用管理“万企贯标、百企示范”工程，具体从两个层面推进： 1.市县组织企业开展万企贯标活动。 2.在企业贯标工作基础上，省级认定示范企业

续表

时间	政策法规文件	主要目标	主要举措
2012年	《关于印发〈江苏省企业信用管理规范（试行）〉的通知》（苏信用办〔2012〕7号）、《关于确定第一批省社会信用体系建设试点县（市、区）的决定》（苏信用发〔2012〕1号）	积极推进企业信用管理“万企贯标、百企示范”工程	1.企业信用管理贯标由市、县（市、区）经济和信息化（信用）管理部门具体组织实施。 2.信用管理示范创建在企业贯标验收的基础上，由省、市经济和信息化（信用）管理部门具体组织实施。 3.2012年，全省第一批共1 457家企业参加贯标工作，1 073家企业通过了信用管理贯标验收。 4.省社会信用体系建设领导小组决定，睢宁县、江阴市、兴化市、南京市六合区为第一批省社会信用体系建设试点县（市、区）
2014年	《关于印发〈江苏省文明委关于推进诚信建设制度化的实施意见〉的通知》（苏文明委〔2014〕9号）	到2020年，全省诚信建设制度化取得重要阶段性成果，覆盖全社会的信用体系基本建成；诚信江苏建设取得与“两个率先”进程相适应的新成效，全社会的诚信意识和信用水平全面提升	1.建立健全覆盖全社会的信用信息系统。 2.大力营造有利于诚信建设的社会氛围。 3.广泛开展诚信主题教育实践活动。 4.着力构建激励诚信、惩戒失信的长效机制。 5.强化诚信建设制度化的法治、政策和组织保障
	《省政府办公厅关于印发江苏省严重失信黑名单社会公示管理办法（试行）的通知》苏政办发〔2014〕118号	规范严重失信行为信息公开，强化社会监督和信用约束，进一步增强失信惩戒机制作用	1.建立严重失信黑名单社会公示会商协调机制。 2.建立严重失信黑名单社会公示制度。将江苏省内经依法认定并已向社会公示或已确定向社会公示的社会法人或者其他组织、自然人严重失信行为信息，列入省、市公共信用信息系统和省级相关部门信用信息系统，并通过相关媒介向社会公开。促进各地、各部门共享严重失信黑名单信息，加大信用联动奖惩力度

续表

时间	政策法规文件	主要目标	主要举措
2015年	《省政府关于印发江苏省社会信用体系建设规划纲要（2015—2020年）的通知》（苏政发〔2015〕21号）	到2020年，政务诚信、商务诚信、司法公信、社会诚信建设取得明显进展，市场和社会满意度大幅提高；守信激励和失信惩戒机制全面有效运行，全社会诚信意识普遍增强，经济社会发展环境明显改善，诚信江苏建设取得显著成效	1.加强重点领域诚信建设。 2.建立健全规章制度和标准体系。 3.加快建立覆盖全社会的信用信息系统。 4.建立和完善守信激励和失信惩戒机制。 5.培育和规范信用服务市场。 6.加强诚信教育与诚信文化建设
	《关于印发〈江苏省诚实守信红名单社会公示管理办法（试行）〉的通知》（苏信用办〔2015〕59号）	加快推进全省社会信用体系建设，树立诚信文化理念，弘扬诚信传统美德，进一步增强守信激励机制作用	1.建立诚实守信红名单社会公示会商协调机制。 2.建立诚实守信红名单社会公示制度。将江苏省内经依法认定，并已确定向社会公示或已向社会公示的社会法人或者其他组织、自然人诚实守信行为信息，列入省、市公共信用信息系统和省级相关部门信用信息系统，并通过“信用江苏”网站等相关媒介向社会公开，促进各地、各部门共享诚实守信红名单信息，加大守信联合激励力度

续表

时间	政策法规文件	主要目标	主要举措
2017年	《江苏省加强个人诚信体系建设的实施意见》	截至2020年年底，在全省范围内建立起全面、规范、有效的个人诚信体系，实现各级公共信用信息系统个人信用信息交换、共享和应用，构建较为完善的个人守信激励和失信惩戒机制，推动信用信息在个人经济社会活动中广泛应用，使守信者受益、失信者受限，让诚信成为全社会共同的价值追求和行为准则	1.加强个人诚信教育。 2.加快推进个人信用记录建设。 3.完善个人信息安全、隐私保护与信用修复机制。 4.规范推进个人信用信息共享使用。 5.完善个人守信激励和失信惩戒机制
	《江苏省全面加强电子商务领域诚信建设的实施意见》	到2020年，建立并完善电子商务领域相关法规规章和标准规范；建立覆盖线上、线下，贯穿生产、交易、支付、物流、客服等全流程的协同监管机制；守信联合激励和失信联合惩戒机制基本完善，电子商务领域突出的失信问题得到规范治理，全省电子商务发展环境得到明显改善	1.加强电子商务全流程信用建设。 2.全面推动电子商务信用信息共建共享。 3.大力实施电子商务信用监管。 4.广泛开展电子商务信用联合奖惩

续表

时间	政策法规文件	主要目标	主要举措
2018年	《省政府关于印发江苏省加强政务诚信建设实施意见等文件的通知》	到2020年，逐步健全全省政务信用管理体系和政务诚信监督体系，建成政府部门和公务员信用信息系统，实现行政许可、行政处罚等信用信息“双公示”以及政府部门和公务员信用信息记录、归集、共享全覆盖，形成政府部门和公务员守信激励与失信惩戒机制，重点领域政务诚信建设取得积极进展，政务诚信环境显著改善	1. 建立健全政务信用管理体系。 2. 加强重点领域政务诚信建设。 3. 探索构建广泛有效的政务诚信监督体系。 4. 加快出台《江苏省各级政府及公务员信用信息征集指导目录》《江苏省公务员守信激励和失信惩戒实施办法》《江苏省各级政府及公务员信用评价细则》等制度
	《省政府关于建立完善守信联合激励和失信联合惩戒制度的实施意见》、《关于做好联合奖惩对象名单认定和典型案例归集共享工作的通知》（苏信用办〔2018〕29号）、《关于对失信主体加强信用监管的实施意见》（苏信用办〔2018〕43号）	加快构建以信用为核心的新型市场监管机制，促使失信主体快速整改失信行为、消除不良影响、修复自身信用；增加失信成本，引导各类主体依法诚信经营，保持良好的信用记录；创新应用信用承诺、信息公示、协同注册、合同监督等手段，通过一系列制度安排，加快化解存量失信行为的社会影响，建立防范增量失信行为发生的长效机制，实现标本兼治，全面提升全社会诚信水平	1. 加强对失信主体的信用监管工作。 2开展失信主体名单认定。 3. 有序推动失信信息归集、共享、公示，督促失信主体限期整改 4. 开展失信提示和警示约谈。 5. 引导失信主体进行公开信用承诺。 6. 广泛开展信用修复专题培训，积极稳妥开展信用修复。 7. 建立失信主体提交信用报告制度。 8. 全面落实失信联合惩戒措施
	《长三角地区深化推进国家社会信用体系建设区域合作示范区建设行动方案（2018—2020年）》	到2020年，全面完成深化推进区域信用合作示范区的各项任务，有效支撑区域经济社会健康有序发展。“信用长三角”成为反映区域高质量一体化发展的重要品牌，长三角地区成为国内信用制度健全、信息流动通畅、服务供给充分、联动奖惩有效、信用环境优化的地区	1. 深化区域信用合作，加快推进区域整体信用制度建设和重点领域的跨区域联动奖惩，全面实现区域内统一社会信用代码共享共用，鼓励信用行业服务创新。 2. 深化区域信用合作，开展“信用长三角”品牌打造专项行动、诚信政务服务专项行动、信用城市集群共建专项行动、信用惠民专项行动、信用联合监管专项行动、行业信用建设专项行动、信用大数据开放应用专项行动、信用服务产业集聚发展专项行动等

续表

时间	政策法规文件	主要目标	主要举措
2020年	《关于印发〈江苏省深入推进社会信用体系建设三年行动计划〉的通知》(苏信用办〔2020〕1号)	到2020年年底，适应新时代要求的新一轮社会信用体系建设发展思路基本形成，社会信用体系建设发展全面进入法治化轨道，信用管理工作的科学性、规范性、精准性全面提升；公共信用信息系统全面对接政务服务平台，实现信用信息更为广泛便捷的互联共享；进一步建立健全全省统一的信用监管规则和标准，守信激励和失信惩戒机制全面有效运行；主要监管部门和行业出台信用分级分类指导目录，失信行为科学认定，失信等级规范划分；政务诚信、商务诚信、社会诚信和司法公信建设取得明显进展；全社会诚信意识普遍增强，经济社会发展环境明显改善，营商环境持续优化，诚信江苏建设成效突出	1.制定出台《江苏省社会信用条例》《江苏省“十四五”社会信用体系建设规划》。 2.公共信用信息归集和应用的规范性、准确性、完整性和时效性全面提升，制定出台一批信用管理制度、信用监管规则和标准。 3.打造20个以上信用监管示范行业，新增信用管理贯标企业2 000家以上，接受公益性信用修复培训企业8 000家以上。 4.着力抓好信用信息共建共享，不断强化系统支撑功能，持续加强信息安全保障。 5.综合运用信用评价，合规合理认定失信行为，规范失信行为惩戒。 6.沟通协调监管需求和应用需求，加强社会应用需求分析和响应，持续推进信用修复。 7.提高工作精准化程度、加强信用相关研究、加快推进信用立法以及深化试点示范，促进行业与地区形成创新特色

续表

时间	政策法规文件	主要目标	主要举措
2020年	《江苏省人民政府办公厅关于加快推进社会信用体系建设 构建以信用为基础的新型监管机制的实施意见》（苏政办发〔2020〕10号）	进一步加强江苏省社会信用体系建设，大力构建以信用为基础的新型监管机制，创新监管理念、监管制度、监管方式，大力推进行政管理由“门槛管理”向“信用管理”转变，建立健全覆盖事前、事中、事后全监管环节的新型监管机制，不断提升监管能力和水平，持续优化营商环境，助力江苏省高质量发展走在前列	1.加快制定出台政务服务信用承诺、信用监管、信用修复等实施办法以及信用监管操作细则，推进信用监管制度、监管措施、规范标准全省“一盘棋”。 2.建立健全信用承诺制度，组织开展经营者准入前诚信教育，大力推广信用报告的应用等，创新事前环节信用监管。 3.全面建立市场主体信用记录和信用档案，积极推进信用信息自主自愿申报，规范开展市场主体信用评价，大力推进信用分级分类监管等，加强事中环节信用监管。 4.规范开展失信联合惩戒对象认定，督促失信市场主体限期整改，深入开展失信联合惩戒，依法依规实施市场和行业禁入措施，依法追究违法失信责任，建立并完善信用修复机制等，完善事后环节信用监管。 5.强化信用监管信息化平台支撑，大力推进信用监管信息公开公示，强化公共信用信息和信用产品应用，强化市场主体权益保护，积极引导行业组织和信用服务机构协同监管等，强化信用监管的支撑保障

续表

时间	政策法规文件	主要目标	主要举措
2020年	《关于印发〈2020年江苏省社会信用体系建设工作要点〉的通知》（苏信用办〔2020〕7号）	以“让诚信成为江苏的靓丽名片”为目标，坚持信用监管和信用服务双轮驱动，不断提升信用建设规范化、精准化、法治化水平，有力支撑“放管服”改革、营商环境优化和社会治理创新，推动全省社会信用体系建设工作再上新台阶	1.高质量完成《江苏省社会信用条例》立法工作，制定出台《江苏省政务服务信用承诺实施办法》《江苏省加强失信主体信用监管的实施意见》等。 2.加快推进省信用信息资源管控平台上线运行，打造省级信息交换中枢。 3.加快构建以信用为基础的新型监管机制，创新事前信用监管，推动开展证明事项告知承诺制、企业投资项目信用承诺制。 4.加强重点领域信用体系建设，启动政务诚信第三方监测，着力开展农民工欠薪、政府机构失信专项治理等工作。 5.大力提升“信易+”惠民便企服务水平，组织各设区市依托省综合金融服务平台开展“信易贷”工作。 6.推动信用建设多层次示范试点，推进行业信用监管示范，推进国家信用建设示范城市创建和复评，推进信用长三角国家示范区建设。 7.加强省市信用管理示范企业的跟踪评估，加大对金融机构和第三方机构的信息服务力度。持续推进信用服务机构规范管理。 8.加大信用建设宣传力度，加大信用管理人才培训力度，充分发挥专项资金和评价考核激励作用

续表

时间	政策法规文件	主要目标	主要举措
2020年	《关于深入推进2020年江苏省各地政务诚信建设 助力营造良好营商环境的实施意见》（苏信用办〔2020〕13号））	进一步推进2020年全省各地政务诚信建设工作，助力营造良好的营商环境，更好地发挥政务诚信建设第三方评价的导向和促进作用	1. 加快政务信用信息系统建设，完善信用信息归集共享机制。 2. 开展政府机构失信问题治理和重点领域失信问题专项治理。 3. 创新信用信息应用，深化重点领域政务诚信建设。 4. 完善政务诚信建设考核约束机制。 5. 加大政务诚信教育培训和宣传力度。 6. 开展信用小镇、信用村示范试点，强化园区、自贸区政务诚信建设。 7. 引导政府与信用服务机构合作，开展政务诚信第三方监测
	《关于印发调整省社会信用体系建设领导小组的通知》（苏信用办〔2020〕16号）	适当扩充调整社会信用体系建设领导小组成员，将有社会信用体系建设工作任务的省级部门纳入领导小组	调整后的领导小组由省委常委、常务副省长担任组长，副组长为省政府副秘书长、省发改委主任。领导小组成员单位包括省高级人民法院、省委宣传部、省发展和改革委员会、省教育厅、省市场监督管理局、省统计局、人民银行南京分行等24个
	《关于印发〈江苏省重点领域信用监管示范工程实施方案〉的通知》（苏信用发〔2020〕3号）	开展20个重点领域或行业的信用监管示范工程，初步构建起具有江苏特色的以信用为基础的新型监管机制，形成可复制、可推广的经验	1. 全面建立市场主体信用记录。 2. 科学规范认定失信行为。 3. 积极开展行业信用评价。 4. 大力实施信用分级分类监管。 5. 认真督促失信主体限期整改。 6. 建立健全信用奖惩机制。 7. 积极鼓励失信主体信用修复。 8. 全面强化市场主体权益保护

续表

时间	政策法规文件	主要目标	主要举措
2020年	《关于完善信用修复机制保障信用主体权益的通知》（苏信用发〔2020〕4号）	规范信用修复工作，保障信用主体权益	1.明确信用修复内涵和适用范围。 2.规范信用修复条件。 3.规范信用修复流程。 4.加强信用修复信息管理。 5.切实保障信用主体权益。 6.强化工作组织实施
	《关于进一步推进政务服务信用承诺制的通知》（苏信用发〔2020〕5号）	规范开展政务服务信用承诺工作，大力构建以信用为基础的新型监管机制，深化“放管服”改革，优化营商环境	1.明确政务服务信用承诺内涵和适用范围。 2.推行政务服务信用承诺制。 3.规范政务服务信用承诺管理。 4.完善政务服务信用承诺程序。 5.加强信用承诺信息管理。 6.强化保障措施

从表5-6可以看出，江苏社会信用体系建设工作始于2004年，在全国起步较早。在省委省政府的高度重视下，历经10多年先行先试，取得了积极效果，形成了制度体系健全、基础设施先进、应用服务广泛、联合奖惩显效的江苏特色社会信用体系[69]。2018年1月9日，国家发展和改革委员会办公厅、中国人民银行办公厅公布了全国首批社会信用体系建设示范城市，江苏省南京、苏州、宿迁3个城市入选，占全国1/4，居首位，进一步彰显了江苏社会信用体系建设的成效和特色。

5.3.2 江苏旅游诚信体系建设的进展和成效

江苏旅游诚信体系建设起步较早，1999年江苏省旅游局与江苏省消费者协会共同开展了创建“江苏省诚信旅行社”的活动，2000年评出了137家诚信旅行社。[70] 近年来，江苏在大力发展旅游经济的同时，也高度重视旅游诚信体系建设。党的十八大以来，江苏旅游业紧紧围绕服务高质量发展和建设“强富美高”新江苏，积极探索旅游诚信体系建设，形成了鲜明的江苏特色。

（1）“政府主导，市场驱动”的模式基本形成

①建立信用管理组织体系和工作机制。

2004年，江苏省政府成立社会信用体系建设领导小组，由常务副省长任组长，在全国率先成立省信用办、省公共信用信息中心。2020年，为进一步强化组织领导，深入持续推进江苏诚信体系建设，适当扩充、调整社会信用体系建设领导小组成员，将有社会信用体系建设工作任务的省级部门纳入领导小组。调整后的领导小组由省委常委、常务副省长担任组长，省政府副秘书长、省发改委主任任副组长。领导小组成员单位扩充到24个部门，包括：省高级人民法院、省委宣传部、省发展和改革委员会、省教育厅、省科学技术厅、省工业和信息化厅、省公安厅、省民政厅、省司法厅、省财政厅、省人力资源和社会保障厅、省生态环境厅、省住房和城乡建设厅、省交通运输厅、省农业农村厅、省商务厅、省文化和旅游厅、省卫生健康委员会、省应急管理厅、省政务服务管理办公室、省市场监督管理局、省统计局、国家税务总局江苏省税务局、中国人民银行南京分行。与此同时，省级50多个部门组建了信用专业工作人员队伍，全省13个市和大部分县区相继成立了信用办和信用中心，初步形成了上下联动、条块结合、协同推进的工作机制。[71]

②诚信建设纳入旅游立法体系。

江苏先后出台了一系列地方性规章，如《江苏省公共信用信息归集和使用暂行办法》（苏政办发〔2004〕114号）、《江苏省个人信用征信管理暂行办法》（省政府令第37号）、《江苏省企业信用征信管理暂行办法》（省政府令第38号）、《关于印发〈江苏省信用服务机构备案办法（试行）〉的通知》（苏信用办〔2008〕19号）、《关于印发〈江苏省企业信用管理贯标和示范创建工作实施办法（试行）〉的通知》（苏信用办〔2011〕29号）、《关于印发〈江苏省企业信用管理规范（试行）〉的通知》（苏信用办〔2012〕7号）、《省政府办公厅关于印发江苏省严重失信黑名单社会公示管理办法（试行）的通知》（苏政办发〔2014〕118号）、《关于印发〈江苏省诚实守信红名单社会公示管理办法（试行）〉的通知》（苏信用办〔2015〕59号）等。这些规章和制度成为江

苏旅游诚信体系建设的重要保障。

2015年12月4日，江苏省十二届人大常委会第十九次会议审议通过了《江苏省旅游条例》，于2016年3月1日起正式实施。《江苏省旅游条例》的颁布实施，不仅为江苏省将旅游培育成万亿产业、构建“畅游江苏”体系、建设“旅游强省”提供了法律依据，也为旅游者营造了诚信经营的良好旅游法律环境。《江苏省旅游条例》中将“诚信经营与文明旅游”单列成章，这在全国尚属首次。

在诚信经营方面，《江苏省旅游条例》第49条、50条明文规定，旅游经营者应当依法诚信经营，保障旅游者的合法权益。不得发布不真实、不准确的信息；不得做虚假宣传，欺骗、误导旅游者；不得给予或者收受回扣；不得以任何形式诱骗、强迫或者变相强迫旅游者购买商品或者接受服务；不得以不合理的低价组织旅游活动，诱骗旅游者；不得非法使用、披露旅游者个人信息；不得影响其他旅游者行程安排；不得通过安排购物、另行付费旅游项目获取回扣等不正当利益；不得向旅游者指定或者推荐不向社会其他公众开放经营的购物场所、另行付费的旅游项目；不得在销售商品中掺杂、掺假，以假充真，以次充好，以不合格商品冒充合格商品，或者销售失效、变质的商品等。

在监管方面，《江苏省旅游条例》第51条、65条、66条、67条明确规定，县级以上地方人民政府旅游主管部门应当指导旅游行业组织建立健全旅游经营者及其从业人员的诚信档案，及时、准确、完整地采集和记录其信用信息。县级以上地方人民政府旅游主管部门应当依法对旅游经营者和旅游从业人员的旅游经营行为实施监督检查，并有权对涉嫌违法的合同、票据、账簿以及其他相关资料进行查阅、复制。同时，县级以上地方人民政府旅游主管部门应当建立健全导游、领队服务质量评价机制，旅游企业质量等级评定机构应当向社会公布旅游企业的质量等级情况；县级以上地方人民政府应当指定或者设立统一的旅游投诉受理机构，并公布投诉电话、网站等，接受社会各界和广大消费者的监督。

在文明旅游方面，《江苏省旅游条例》第54条、55条、56条明确规定，从政府角度，要求县级以上地方人民政府及其有关部门应当把文明旅游工作作为精神文明创建的重要内容，组织开展文明旅游宣传工作，引导旅游者、旅游经营者及其从业人员增强旅游生态环境保护的意识，倡导健康、文明、环保的旅游方式。省人民政府旅游主管部门应当建立健全旅游者不文明行为记录制度，对情节严重，影响恶劣的，旅游主管部门可以向公安、海关、边检、交通、征信机构等部门通报其不文明行为记录。从旅游经营者及其从业人员角度，要求其在旅游经营活动中应当向旅游者宣传旅游生态环境保护知识，引导旅游者健康、文明、环保旅游，及时劝阻旅游者的不文明行为。要求旅游者在旅游活动中遵守社会公共秩序和社会公德，尊重当地的风俗习惯、文化传统和宗教信仰，爱护旅游资源，保护生态环境，遵守文明旅游行为规范。

③积极推进政务诚信常态长效机制建设。

江苏积极推行信用承诺，出台了《关于进一步推进政务服务信用承诺制的通知》(苏信用发〔2020〕5号)，进一步强调规范开展政务服务信用承诺工作，大力构建以信用为基础的新型监管机制，深化“放管服”改革，优化营商环境，积极开展企业投资项目信用承诺制、证明事项告知承诺制等试点，各地各部门就390多个事项开展信用承诺，信用良好的市场主体可简化流程、享受便利。2019年，政务诚信建设纳入全省高质量发展监测评价体系，省信用办委托第三方机构对全省13个设区市和96个县（市、区）的政务诚信建设情况进行了实地调研和综合评价，并发布了评价结果和典型案例。2020年6月，省信用办印发了《关于深入推进2020年江苏省各地政务诚信建设 助力营造良好营商环境的实施意见》(苏信用办〔2020〕13号)，明确加快推进政务诚信建设的7项具体任务，建立政务诚信常态化长效机制。

此外，为适应社会主义市场经济发展需要，推动信用市场健康稳定发展，江苏积极培育信用服务市场。据统计，截至2020年7月，全省备案信用服务机构369家，公示信用报告11 396份，5家征信机构在人民银行完成备案，培训信用管理师273人、助理信用管理师4 367人。[72]

（2）顶层设计，将诚信建设纳入旅游业发展规划中

2004年，江苏省委、省政府提出建设诚信江苏，明确诚信江苏建设是一项系统工程，并与法治江苏、平安江苏、文化江苏、绿色江苏一起构成江苏省科学与和谐发展的五大实践载体。政府先后出台了《江苏

省政府关于加快推进社会信用体系建设的意见》(苏政发〔2004〕93号)、《中共江苏省委江苏省人民政府关于加快推进诚信江苏建设的意见》(苏发〔2007〕14号)、《省政府办公厅关于印发江苏省社会信用体系建设三年行动计划的通知》(苏政办发〔2008〕8号)、《省政府关于印发江苏省社会信用体系建设规划纲要(2015—2020年)的通知》(苏政发〔2015〕21号)、《长三角地区深化推进国家社会信用体系建设区域合作示范区建设行动方案(2018—2020年)》、《关于印发〈江苏省深入推进社会信用体系建设三年行动计划〉的通知》(苏信用办〔2020〕1号)、《关于印发〈2020年江苏省社会信用体系建设工作要点〉的通知》(苏信用办〔2020〕7号)等重要文件。这些规范性文件不仅在政策上保证了江苏社会诚信体系建设的稳定性和连续性，也为江苏旅游诚信体系建设提供了政策支撑和依据。

2014年，江苏省政府出台了《省政府关于全面构建“畅游江苏”体系 促进旅游业改革发展的实施意见》(苏政发〔2014〕85号)，明确提出：把旅游业培育成我省战略性支柱产业和人民群众更加满意的现代服务业，充分发挥旅游业在稳增长、调结构、促改革、惠民生等方面的重要作用，以建设旅游强省为目标，以满足旅游者需求为导向，全力推进“顺畅、舒畅、欢畅”游江苏，不断提升旅游业现代化、国际化、信息化、标准化水平，把江苏建设成为国内一流、世界知名的旅游目的地。

为此，江苏积极营造良好的营商环境，构建了高效的旅游投诉平台，以保护旅游者和旅游企业的合法权益；积极开展旅游购物诚信街区和诚信商店创建工作，推进旅行社和导游队伍诚信体系建设；大力弘扬霞客精神，不断提高公民旅游意识，积极引导旅游者文明出游，持续推进江苏旅游诚信体系建设，打造江苏“国内一流、世界知名”的旅游目的地形象。

(3)“一网三库一平台”建设走在全国前列

①建成了全省统一的信用信息平台和网站。

2005年6月30日，“信用江苏”网站及江苏省公共信用信息平台正式开通运行。江苏省公共信用信息平台为各级国家机关提供信用信息查询、信用审查、信用风险预警等多样化、规范化应用服务，“信用江苏”网站面向社会提供信用信息公示、查询等服务，“苏信服”公众号实现了线上线下融合服务。

②建立了法人和自然人信用基础数据库。

截至2020年3月，江苏省建成了归集全省922.1万户市场主体、9.5万个民办非企业单位和社会团体、6 300万自然人的信用档案数据库，信源信息采集基本实现了部门广覆盖和地区全覆盖（包括46家省级部门、13个设区市和96个县市区）。[73] 截至2020年7月，在库信息61亿条，基本实现信源部门全覆盖（46家省级部门）、地区全覆盖（13个设区市、96个县（市、区））、1 100万主要市场主体全覆盖（356万户企业、718万个体工商户、4.9万事业单位、9.7万社会组织以及14万农民专业合作社、村（居）民委员会、法律服务所等其他组织），以及6 349万18岁以上自然人全覆盖；同时形成数据交换的重要枢纽，实现了与国家全量共享、与部门按需共享、与地市互补共享、与社会机构协议共享，并将持续拓展交换共享范围。[74]

（4）持续推进旅游诚信工程建设

2014年以来，为扎实推进江苏省旅游诚信体系建设，积极营造诚实守信的旅游消费环境，促进全省旅游行业整体服务水平和服务品质的提升，江苏省在全省范围内开展了诚信旅游示范线路创建、省级旅游购物诚信街区和旅游购物诚信商店创建、诚信示范旅游单位创建等活动，这些活动的开展，极大地促进了江苏旅游诚信建设，营造了良好的“诚实守信”旅游市场环境。

2016年以来，江苏围绕“十三五”旅游发展目标，大力实施旅游业发展“六项工程”建设，即诚信旅游创建工程、公共服务优化工程、乡村旅游升级工程、旅游市场拓展工程、区域旅游合作工程、文明旅游倡导工程，其中诚信旅游创建工程是首要工程。诚信旅游创建工程将诚信旅游作为打响畅游江苏品牌、提升旅游服务品质、提高旅游者满意度的重要方式，坚持多部门联动，把诚信旅游建设纳入诚信江苏建设体制内。通过评选诚信旅游线路、创建旅游购物诚信街区和诚信商店、创建诚信旅游单位等，推进旅游业诚信经营，不断完善诚信旅游体系，提升行业道德素养，营造放心旅游的市场环境。如南京门东历史文化街区等7个旅游购物街区被评为2015年度江苏省旅游购物诚信街区，南京云锦博物馆购物中心等13家旅游购物场所被评为2015年度江苏省旅游购物诚信商店，中国国旅（江苏）国际旅行社有限公司等36家旅行社经营的41条线路产品被评为2016年度诚信旅游示范线路，金陵饭店股份有限公司等94家单位被评为2016年度江苏省诚信旅游示范单位。这些活动的开展，进一步加强了诚信旅游教育宣传，推进了旅游业诚信经营，促进了旅游经营者服务品质提升，旅游市场秩序得到了明显改善，提升了江苏诚信旅游的服务水平。

（5）大力开展旅游诚信联合惩戒

2017年以来，江苏省委、省政府先后出台了《省政府办公厅关于印发江苏省加强个人诚信体系建设和全面加强电子商务领域诚信建设实施意见的通知》（苏政办发〔2017〕144号）、《省政府关于建立完善守信联合激励和失信联合惩戒制度的实施意见》、《关于做好联合奖惩对象名单认定和典型案例归集共享工作的通知》（苏信用办〔2018〕29号）、《关于对失信主体加强信用监管的实施意见》（苏信用办〔2018〕43号）、《江苏省人民政府办公厅关于加快推进社会信用体系建设　构建以信用为基础的新型监管机制的实施意见》（苏政办发〔2020〕10号）、《关于印发〈江苏省重点领域信用监管示范工程实施方案〉的通知》（苏信用发〔2020〕3号）、《关于完善信用修复机制保障信用主体权益的通知》（苏信用发〔2020〕4号）、《关于印发〈江苏省文化和旅游市场“红名单”管理办法（试行）〉的通知》（苏文旅规〔2019〕1号）、《江苏省文化和旅游厅江苏省文明办关于印发〈江苏省旅游不文明行为记录管理暂行办法〉的通知》（苏文旅规〔2020〕10号）等一系列政策文件，涉及失信被执行人联合惩戒，以及实施守信激励，构建以信用为基础的新型监管等，这些文件政策的贯彻实施，完善了江苏信用管理制度体系。

近年来，旅游领域的跨区域联合惩戒日益加强。2019年8月，沪苏浙皖四地共同印发了《长三角地区旅游领域市场主体及其有关人员严重失信行为认定标准和联合惩戒措施（试行）》等，沪苏浙皖三省一市统一旅游诚信“黑名单”标准，建立了长三角地区联合惩戒发起、推送、响应、实施、反馈等联动机制，并通过官方网站及“信用长三角”平台，将联合惩戒对象对外公布。旅游市场主体及其有关人员一旦被列入“黑名单”，将面临三省一市22个部门或单位实施的限制或禁止市场准入、加强日常监管、限制获取专项资金、限制金融服务、限制高消费、限制评优招录及任职7大类共计22项联合惩戒措施。

5.4 江苏旅游诚信体系建设存在的主要问题与对策建议

5.4.1 江苏旅游诚信体系建设存在的主要问题

尽管江苏在诚信旅游体系建设上取得了很多成绩，但也要清醒地看到，对照习近平总书记提出的江苏“争当表率、争做示范、走在前列”的要求，还有一定差距，与上海、广东等地相比，还存在一定差距。，

（1）加快出台《江苏省社会信用条例》

《关于印发〈江苏省深入推进社会信用体系建设三年行动计划〉的通知》（苏信用办〔2020〕1号）明确提出，到2020年年底，制定出台《江苏省社会信用条例》。2020年，江苏启动了《江苏省社会信用条例》的立法工作。目前，《江苏省社会信用条例（草案）》已经江苏省十三届人大常委会第十七次会议初次审议，拟提交江苏省十三届人大常委会第十九次会议进行二次审议，并于2020年8月全文在网站上公开征求意见。相比上海、河南、山东、广东等地，江苏立法工作明显滞后。早在2017年，上海市率先出台《上海市社会信用条例》，自2017年10月1日起施行。随后多省启动了社会信用条例的制定工作。2019年11月29日《河南省社会信用条例》正式发布，自2020年5月1日起施行。2020年7月24日《山东省社会信用条例》发布，自2020年10月1日起施行。2021年3月18日《广东省社会信用条例》公布，自2021年6月1日起施行。江苏须加快出台《江苏省社会信用条

例》步伐，加快推进江苏社会信用体系建设，增强全社会诚信意识，促进江苏经济社会高质量发展。

（2）旅游诚信体系建设方案亟待出台

相比浙江、广东等地旅游市场信用体系建设方案的纷纷出台，江苏作为旅游大省，明显滞后。浙江于2015年就出台了《浙江省旅游局浙江省发展和改革委员会关于加强旅游市场信用体系建设的实施意见》（浙旅管理〔2015〕158号），明确提出加快旅游信用信息系统的建设，重点推进信用信息标准化，加快公共信用信息平台建设，建立信用信息共享机制等。广东于2015年就制订了《广东省旅游行业信用体系建设工作方案》和《广东省旅游服务质量监管体系建设工作方案》，明确到2016年年底，初步建立与广东市场经济相适应的旅游信用体系框架。2020年，广东又出台了《关于印发文化和旅游市场信用体系建设工作方案的通知》（粤文旅市场〔2020〕170号），进一步大力推进文化和旅游市场信用体系建设，促进文化和旅游市场主体依法诚信经营，进一步优化营商环境，推动文化和旅游行业高质量发展。因此，为进一步强化文化和旅游市场信用体系建设，江苏应出台“十四五”文化和旅游市场信用体系建设实施意见或方案，进一步完善江苏省旅游诚信体系建设，担负起“两争一前列”时代使命。

（3）旅游市场信用管理制度与标准建设亟需完善

信用管理制度是为确保信用活动的正常进行而制定的有关法律法规、规章等，主要包括信用征集制度、信用调查制度、信用信息披露制度、信用评估评级制度、信用监管制度等。制度规范、标准等先行，是实现信用建设规范化、精准化的重要前提。例如，浙江2019年7月出台了《省发展改革委关于印发〈浙江省行业信用监管责任体系构建工作方案〉的通知》（浙发改信用〔2019〕313号），提出根据文化和旅游行业特点和行业信用综合监管评价的需要，归集本行业监督检查、执法监管、投诉举报、安全质量事故等与监管相关的信用信息，以及行业管理领域主体的其他信息数据；建立本行业领域信用信息归集共享机制，实现信用信息归集共享工作常态化、标准化；建立文化和旅游行业信用监管评价机制；加强信用分类监管制度建设，构建信用分级分类监管体系，制定出台信用分类监管制度文件；同时加强信用信息共享机制建设，强化评价结果共享应用。2020年7月，浙江又出台了《浙江省文化和旅游厅关于印发〈浙江省文化和旅游行业信用评价管理办法（试行）〉的通知》（浙文旅市〔2020〕9号），规范和加强对文化和旅游行业市场主体信用评价的信息归集、信用等级评定、评价结果应用，旨在推进浙江省文化和旅游信用体系建设，构建文化和旅游领域以信用为基础的新型监管机制。相比浙江，江苏旅游市场信用监管制度、信用评价制度、守信联合激励和失信联合惩戒机制等亟待完善；红黑名单的认定、共享、修复、退出以及联合惩戒、奖励等标准、流程、制度等还需要进一步规范和细化。

（4）旅游市场信用服务平台和服务机构发展亟待加强

江苏作为旅游大省，旅游市场信用信息量大，信息归集还不够完整，缺乏统一的政务信息共享交换枢纽，依然存在信息孤岛和数据烟囱现象，[75] 相比广东、贵州还有一定差距。例如，广东依托“数字广东”建设，以政务大数据平台为基础构建公共信用信息共享平台，通过推进技术融合、业务融合和数据融合，打破数据孤岛，为全省提供一体化的政务大数据公共平台服务和公共基础数据库服务，实现了全省跨层级、跨地域、跨系统、跨部门、跨业务的协同管理和服务。再如，贵州依托“云上贵州”，于2017年年底建成了全国第一朵“信用云”——贵州信用信息共享平台，建成了贵州省企业、机关事业单位法人、社会组织法人和个人四个主体信用信息基础数据库，集成了政策法规、诚信查询、信用知识、信用动态、诚信部门、统计分析、双公示、联合奖惩八大功能，在全国率先实现了地级市以上政务服务大厅100%接入同级信用信息共享平台，并与全国信用信息共享平台及“信用中国”网站互联互通，通过政务大数据平台按目录向信用信息平台实时推送数据信息，保障了信息准确率和归集、应用效率。“贵州信用云”荣获“2019中国政府信息化管理创新奖”。

此外，江苏旅游市场信用服务业发展相对滞后。虽然信用服务企业数量已突破300家，但是普遍规模不大，机构小而散，缺乏有影响力、有公信力、有实力的机构；信用产品供给不足，适应市场需求的产品不多；信用产品及信用服务创新不足，与江苏信用工作的地位不相称。[76]

5.4.2 江苏旅游诚信体系建设的对策建议

诚信不仅是道德范畴的概念，也是经济资源范畴的概念，更是法律范畴的概念。只有认清诚信建设在江苏旅游强省建设中的重要地位和作用，正视江苏旅游诚信建设中存在的问题和短板，把旅游诚信建设作为江苏社会文明和现代化建设的重要目标和独立子系统加以研究，不断完善旅游诚信体系建设，才能有效促进江苏旅游业高质量发展，不断提高江苏社会文明程度。本人基于江苏旅游诚信体系建设存在的问题，根据强旅游诚信场域建设的路径思考，提出以下对策建议：

（1）进一步加强旅游诚信体系建设，提升旅游诚信的治理能力

一是以政府为主导，进一步加强江苏旅游诚信体系建设。旅游诚信体系建设是个系统工程，是江苏社会诚信体系建设的重要组成部分，应按照系统治理的思维，将旅游诚信建设作为江苏社会文明和现代化建设的重要目标和独立子系统加以研究，尽快出台江苏文化和旅游信用体系建设“十四五”规划、江苏文化和旅游诚信体系建设指导以及实施的意见办法、江苏文化和旅游市场信用体系建设工作方案等顶层设计的政策文件，指导江苏文化和旅游市场诚信体系建设。同时，加快研究、完善旅游市场诚信体系建设的科学评价指标体系，将其纳入江苏旅游业高质量发展效能考评中，与“强富美高”新江苏建设、江苏“两争一前列”建设同步推进。

二是以政务诚信引领旅游诚信体系建设。立足江苏社会经济发展和江苏文化和旅游产业发展实情，进一步厘清行政机关、事业组织、社会中介机构与旅游企业的责任，在推进文化和旅游市场信用体系建设功能的同时，进一步明确职能边界。特别是厘清政府在推动旅游市场信用体系建设中的地位、职能和作用，认真贯彻落实《关于深入推进2020年江苏省各地政务诚信建设 助力营造良好营商环境的实施意见》（苏信用办〔2020〕13号）、《关于进一步推进政务服务信用承诺制的通知》（苏信用发〔2020〕5号）等文件精神，全面加强政务诚信建设。加大政务诚信教育培训和宣传力度，完善政务诚信建设考核约束机制，尽快建立

政务领域失信记录和实施失信惩戒措施，将坚持依法行政、阳光行政和加强监督作为推进政务诚信建设的重要手段，将危害群众利益和损害市场公平交易等政务失信行为作为治理重点，循序渐进，不断提升公务员诚信履职意识和政府诚信行政水平，积极开展政务诚信第三方监管等，以政务诚信带动旅游企业诚信、旅游者诚信、社会诚信水平全面提高，充分发挥政务诚信引领社会诚信建设的示范效应。

三是进一步学习借鉴广东、贵州的成功经验，加快建设全面覆盖、互联互通的高水平、一体化的省级公共信用信息平台和“信用江苏”网站，优化提升信用信息资源采集处理、大数据应用与管控等功能；深入贯彻落实“互联网+监管”要求，推进公共信用信息系统全面对接政务服务平台，构建一体化网上政务服务体系，全面提升全省政务管理和信用体系建设的现代化水平。

四是加快建设长三角区域文化和旅游信用合作示范区。积极联合上海市、浙江省、安徽省的文化和旅游主管部门，全面实现区域内统一社会信用代码共享，探索建立文化和旅游市场信用评价结果长三角区域互认机制，构建跨区域文化和旅游部门信用协同监管和联防联控网络；推进长三角区域“红名单”和“黑名单”等信用信息共享共用；建立跨区域文化和旅游部门信用联合奖惩机制；积极开展长三角一体化公共信用服务、政务服务以及文化和旅游行业信用建设专项行动等，向纵深推进长三角区域信用一体化建设。

（2）进一步加强诚信文化建设，以诚信价值为引领，深入持久推进诚信惯习的养成

美国文化人类学家莱斯利·怀特认为“行为是文化的函数”，“人的经济行为更多地取决于他们的文化特质，取决于价值支配下从事经济活动的态度、动机和心理”。（范朝礼，2019）[77] 诚信作为中华民族优秀传统文化，是社会主义核心价值观建设的重要内容，是推动江苏社会文明发展的重要道德力量，也是江苏旅游强省建设的思想基石和价值引领。江苏要进一步加强诚信文化建设，大力培育和践行社会主义核心价值观，推动全省诚信意识和信用水平不断提高。

一是充分利用各种媒体和渠道，广泛、深入、持久地开展诚信文化

宣传教育，积极宣传江苏旅游市场诚信体系建设情况，针对旅游市场主体，如政府部门及其从业人员、旅游企业及其从业人员、旅游者等，开展信用知识教育，广泛宣传信用政策法规，普及信用知识和制度，让人们充分理解并积极配合以信用为基础的新型监管措施。

二是充分发挥先进典型的示范作用，积极培育树立旅游诚信先进典型，大力宣传旅游诚信“红名单”典型案例，大力发掘并宣传旅游诚信人物、诚信企业、诚信群体等，广泛深入开展旅游诚信宣传教育，弘扬诚信文化。

三是定期公开旅游市场失信“黑名单”，加大对失信行为的曝光力度，充分发挥联合惩戒机制，深入贯彻落实江苏省文化和旅游厅、江苏省精神文明建设指导委员会办公室印发的《关于对旅游领域严重失信相关责任主体实施联合惩戒的合作备忘录》的通知要求，引导并培育旅游行为主体诚实守信、践约履诺的思想自觉和行动自觉，形成“守信者处处受益，失信者寸步难行”的良好社会风气和氛围。

四是持续开展江苏旅游诚信示范单位、旅游诚信示范景区、旅游购物诚信街区和诚信商店、诚信旅游线路、旅游诚信道德模范等创建和评选工作，深入开展旅游政务诚信、旅游商务诚信等特色主题活动，把旅游诚信渗透到旅游市场各个领域和旅游产品服务的每一个环节中，让广大旅游者“游得放心、游得安心、游得舒心”，营造诚实守信的旅游市场环境。

（3）进一步加强诚信法治建设，建立健全依法诚信的监管机制和自律机制

诚信既是道德标准，也是法律规范，其适用范围不限于契约的订立、履行和解释，还可以扩展到一切民事权利的行使和民事义务的履行，成为民法的基本原则。《中华人民共和国民法典》第七条规定，民事主体从事民事活动，应当遵循诚信原则，秉持诚实，恪守承诺。因此，应加快诚信制度体系建设，以诚信规则制度约束，促进人们诚实守信、行动自觉和惯习养成。

一是加快完成江苏信用立法工作。高质量完成《江苏省社会信用条例》立法工作，积极研究制定《江苏省政务服务信用承诺实施办法》

《江苏省加强失信主体信用监管的实施意见》等信用监管配套细则。

二是加快完善信用制度。进一步建立健全文化和旅游市场信用管理制度，江苏各地应因地制宜地制定本辖区诚信管理措施，完善守信联合激励和失信联合惩戒机制。出台江苏文化和旅游行业信用评价和分类监管制度，以公共信用综合评价为基础，规范文化和旅游市场主体和从业人员资质认定、培训管理、政府采购、评级评优评奖等活动，积极探索引入第三方信用服务机构开展信用评价，将信用评价结果作为分类监管的重要依据。

三是加快完善信用记录制度。建立健全江苏省文化和旅游市场主体信用档案，按照信用信息采集目录，在办理行政许可、行政处罚、公共服务以及日常监管等过程中，及时、准确、全面地记录文化和旅游市场主体的信用行为。在信用信息产生之后，以统一社会信用代码为标识，整合形成完整的市场主体信用记录，通过“信用江苏”网站等渠道依法依规向社会公开。

四是加快完善旅游市场主体信用承诺制度。依托江苏公共信用信息平台和“信用江苏”网站，按照有关规定将市场主体的承诺履行情况记入信用记录，作为事中、事后监管的重要依据。对履行承诺的旅游市场主体，根据信用记录为其提供便利措施；对不履行承诺的旅游市场主体，视情节依法实施限制。加快完善旅游企业信用修复和异议处理机制，建立健全旅游经营者及其从业人员诚信档案，积极推行旅游企业以及从业人员诚信承诺制度，对主动向社会做出信用承诺的旅游市场主体，在“信用江苏”网站上向社会公开，接受社会各界监督，使旅游市场主体从诚信他律转向诚信自律。

五是加强旅游市场主体合法权益的保护，引导并培育旅游市场主体诚实守信、践约履诺的思想自觉和行动自觉。现行信用管理制度措施，涉及多项公民基本权利，在加强江苏旅游诚信治理的同时，要切实加强对旅游者隐私与基本权利信息、旅游企业商业秘密信息安全的保护。凡是法律、法规规定应当公示、公开的信息，必须公开；凡是法律、法规保护的公民信息、企业商业秘密信息以及法律没有规定应当公示的信息，一律不得擅自采集和公开传播。严格执行全国统一的“黑名单”认定制度，严格执行《印发〈关于对旅游领域严重失信相关责任主体实施联合惩戒的合作备忘录〉的通知》（发改财金〔2018〕737号）、《江苏省关于建立完善守信联合激励和失信联合惩戒制度的实施意见》、《省政府办公厅关于印发江苏省社会法人失信惩戒办法（试行）的通知》（苏政办发〔2013〕99号）和《省政府办公厅关于印发江苏省自然人失信惩戒办法（试行）的通知》（苏政办发〔2013〕100号）等文件，实施联合惩戒措施，确保信用管理制度的统一和规范，防止在行政管理中泛化运用信用管理，特别是防范滥用联合惩戒手段，损害当事人和旅游企业的合法权益。

（4）加快发展现代信用服务业，加强信用专业人才的培育培养

针对江苏旅游市场信用服务业发展相对滞后的问题，应加快培育与江苏旅游业高质量发展相适应的信用服务市场，强化各类信用人才培育。

首先是大力促进现代信用服务业发展。一要出台激励政策，加快招引、培育一批龙头信用服务机构，引导互联网、大数据企业进入信用服务市场，孵化培育个人征信企业。二要鼓励支持信用服务机构参与文化和旅游市场信用信息归集、信用评价等工作，推进信用评价市场规范化、国际化发展，推动信用评级、信用担保、信用保险等信用服务和产品推广应用。三要加强对信用服务行业的监管，建立信用服务机构和从业人员信用档案，实行信用服务机构备案管理，全面开展信用服务机构公示工作和信用承诺工作，形成政府监管、行业自律、社会监督三位一体的信用服务机构监管体系，规范信用服务市场发展秩序。

其次是加强信用专业人才培育。认真贯彻落实《江苏省社会信用体系建设规划纲要（2015—2020年）》，加快信用专业人才培养培训。一要加强信用管理学科专业建设，把信用管理列为经济体制改革与社会治理发展急需的新兴、重点学科，支持有条件的高校设置信用管理专业或开设相关课程，推动高校信用管理相关专业和学科建设，加强基础人才培养储备。二要加强信用管理职业培训与专业考评，建立健全信用管理职业培训与专业考评制度，积极组织信用从业人员、信用管理人员参加国家信用管理师职业资格培训和认证。三要加大信用管理人才培训力

度，开展在职教育、职业培训、岗位培训等多层次的信用知识培训，不断提高全省各级信用管理人员的业务素质，为社会信用体系建设提供人力资源支撑。四要积极开展信用建设理论研究和交流，大力开展文化和旅游信用政策、信用管理、信用技术、信用标准等专项研究、重大问题研究及前瞻性理论研究；加强与国内外研究机构、信用服务机构、企事业单位等的交流与合作，依托高校、研究机构、信用服务机构等，加快组建省级文化和旅游信用专家智库，为文化和旅游信用体系建设提供智力支持。

主要参考文献

[1] 宋瑞．新时代中国旅游发展应坚持两条主线［EB/OL］．［2017-12-31］．http：//news.sina.com.cn/o/2017-12-31/doc-ifyqchnr7888175.shtml.

[2] 鲍恩．商人的社会责任［M］．肖红军，王晓光，周国银，等译．北京：经济管理出版社，2015：1.

[3] 戴维斯．社会责任的五个主张［J］．商业视野，1975，18（3）：19－24.

[4] 卡罗尔 A B，巴克霍尔茨 A K.企业与社会：伦理与利益相关者管理［M］．黄煌平，李春玲，等译．北京：机械工业出版社，2004：23.

[5] 邓玉华．基于社会责任的企业竞争力研究［D］．南昌：江西财经大学，2013：14.

[6] 国家统计局．中华人民共和国2020年国民经济和社会发展统计公报［EB/OL］．［2021－02－28］．http：//www.stats.gov.cn/tjsj/zxfb/202102/t20210227_1814154.html.

[7] 赵爱玲．国内诚信研究综述［J］．道德与文明，2004（1）：68-71.

[8] 朱熹．四书章句集注・中庸［M］．北京：中华书局，1983：25.

[9] 程颢，程颐．二程集［M］．北京：中华书局，2004：14.

[10] 许慎．说文解字注［M］．郑州：中州古籍出版社，2006：92.

[11] 西美尔 G.社会学：关于社会交往形式的研究［M］．林荣远，译．北京：华夏出版社，2002：251.

[12] 西美尔 G.货币哲学 [M]. 陈戎女，等译.北京：华夏出版社，2002：111.
[13] 徐国栋. 诚实信用原则二题 [J]. 法学研究，2002（4）：74-75.
[14] 葛晨虹. 诚信是一种社会资源 [J]. 江海学刊，2003（3）：23-26.
[15] 福山. 大分裂：人类本性与社会秩序的重建 [M]. 刘榜离，等译. 北京：中国社会科学出版社，2002：18.
[16] 科尔曼 J S.社会理论的基础（上、下）[M]. 邓方，译. 北京：社会科学文献出版社，1999：360.
[17] 科尔曼 J S.社会理论的基础（上、下）[M]. 邓方，译. 北京：社会科学文献出版社，1999：229.
[18] 杨晓霞. 旅游信用研究 [D]. 成都：四川大学，2005：32.
[19] 王珏. 浅谈旅行社服务信用的建立 [J]. 海南广播电视大学学报，2004（2）：55-57.
[20] 张欣建，吴国清. 城市旅游诚信体系及保障措施探讨 [J]. 北京第二外国语学院学报，2006（5）：16-21.
[21] 邓健，任文举. 诚信旅游企业测评体系研究 [J]. 中国市场，2009（1）：124-125.
[22] 于婷婷. 旅游行业的诚信问题研究——以长春市为例 [D]. 长春：吉林农业大学，2016：6.
[23] 赵珊. 中国景区景点达3万多个 [EB/OL]. [2018-12-27]. http：//www.gov.cn/xinwen/2018-12/27/content_5352557.htm.
[24] 文化和旅游部. 中华人民共和国文化和旅游部2019年文化和旅游发展统计公报 [EB/OL]. [2020-06-20]. https：//www.mct.gov.cn/whzx/ggtz/202006/t20200620_872735.htm.
[25] 董才生. 论吉登斯的信任理论 [J]. 学习与探索，2010（5）：65-67.
[26] 文化和旅游部. 中华人民共和国文化和旅游部2018年文化和旅游发展统计公报 [EB/OL]. [2019-05-30]. http：//www.gov.cn/xinwen/2019-05/30/content_5396055.htm.
[27] 李颖. 三大投诉重点：酒店、机票和境外游——中国质量万里行2018年度旅游行业消费投诉分析报告 [J]. 中国质量万里行，2019（3）：20-22.
[28] 罗克研. 投诉量同比增加两倍以上 中国质量万里行发布2019年旅游行业投诉分析报告 [J]. 中国质量万里行，2020（3）：46-48.
[29] 佚名. 中国消费者协会：2020年上半年全国消协组织受理投诉情况分析 [EB/OL]. [2020-08-05]. https：//tech.sina.com.cn/roll/2020-08-05/doc-iivhvpwx9424269.shtml.
[30] 李志刚. 一张图告诉你，2020年旅游投诉都有哪些？[EB/OL]. [2021-

02-07]. https://baijiahao.baidu.com/s? id=1691076214672015690&wfr=spider&for=pc.

[31] 汉语大词典编辑委员会. 汉语大词典普及本 [M]. 上海: 汉语大词典出版社, 2000: 1635.

[32] 黄丽. 基本公共服务质量评价问题研究 [D]. 长春: 吉林大学, 2015: 30.

[33] 克罗斯比 P B. 质量免费 [M]. 纽约: 麦克米兰, 1979. 转引自: 马小平. 宏观质量管理与质量竞争力研究——以江苏为例 [D]. 南京: 南京理工大学, 2008: 3.

[34] 黄丽. 基本公共服务质量评价问题研究 [D]. 长春: 吉林大学, 2015: 31.

[35] 吴清, 高俊芳. 现代质量控制 [M]. 北京: 世界图书出版公司, 1997: 1.

[36] 文化和旅游部市场管理司. 2019年度全国星级饭店统计报告 [EB/OL]. [2020-08-14]. https://baijiahao.baidu.com/s? id=1675522666652116418&wfr=spider&for=pc.

[37] 赵思维, 夏梦洁. 去年以来29家五星酒店被"摘星" 涉喜来登、希尔顿等品牌 [EB/OL]. [2020-01-18]. https://www.thepaper.cn/newsDetail_forward_5552918.

[38] 文化和旅游部财务司. 中华人民共和国文化和旅游部2019年文化和旅游发展统计公报 [EB/OL]. [2020-06-20]. http://zwgk.mct.gov.cn/zfxxgkml/tjxx/202012/t20201204_906491.html.

[39] 门妍. 北京市消协发布2015年度在线旅游满意度调查报告 [EB/OL]. [2016-03-08]. http://www.xinhuanet.com/travel/2016-03/08/c_128783218.htm.

[40] 丁海涛. 中国特色社会主义诚信建设研究 [D]. 西安: 陕西师范大学, 2017: 67.

[41] 徐兴梅. 失信行为研究 [D]. 郑州: 郑州大学, 2007: 36.

[42] 柯武刚, 史漫飞. 制度经济学——社会秩序与公共政策 [M]. 韩朝化, 译. 北京: 商务印书馆, 2002: 23.

[43] 类延村. 规则之治——社会诚信体系治理模式研究 [D]. 重庆: 西南政法大学, 2013: 45-46.

[44] 布迪厄 P, 华康德. 实践与反思: 反思社会学导引 [M]. 李猛, 李康, 译. 北京: 中央编译出版社, 2004: 13.

[45] 田义双. 诚信场域论 [D]. 北京: 中共中央党校, 2006: 19-21.

[46] 布迪厄 P, 华康德. 实践与反思: 反思社会学导引 [M]. 李猛, 李康, 译. 北京: 中央编译出版社, 2004: 17.

[47] 田义双. 诚信场域论 [D]. 北京: 中共中央党校, 2006: 22.

[48] 布迪厄 P，华康德．实践与反思：反思社会学导引［M］．李猛，李康，译．北京：中央编译出版社，2004：170.

[49] 田义双．诚信场域论［D］．北京：中共中央党校，2006：28.

[50] 布迪厄 P，华康德．实践与反思：反思社会学导引［M］．李猛，李康，译.北京：中央编译出版社，2004：134.

[51] 思履．四书五经［M］．北京：北京联合出版公司，2014：29.

[52] 刘宝楠．论语正义·诸子集成［M］．北京：中华书局，1986：17.

[53] 王迎芳，胡晓红．中西方诚信观对比研究［J］．苏州科技大学学报（社会科学版），2017（3）：25-29.

[54] 田义双．诚信场域论［D］．北京：中共中央党校，2006：35.

[55] 马克思，恩格斯．马克思恩格斯选集，第1卷［M］．中共中央马克思恩格斯列宁斯大林著作编译局，编译．北京：人民出版社，1995：60.

[56] 布迪厄 P，华康德．实践与反思：反思社会学导引［M］．李猛，李康，译．北京：中央编译出版社，2004：168.

[57] 鲁良．失信行为的社会学研究［D］．武汉：武汉大学，2014：103.

[58] 费孝通．费孝通全集［M］．呼和浩特：内蒙古人民出版社，2009：112.

[59] 俞可平．政务失信的根源及破解之道［J］．人民论坛·学术前沿，2012（10）：88-90.

[60] 张凤阳．契约伦理与诚信缺失［J］．南京大学学报（哲学·人文科学·社会科学），2002（6）：33-39.

[61] 赵振华．社会主义市场经济本质上是法治经济［N］．学习时报，2014-11-03.

[62] 佚名．央行：我国已建成全球规模最大的征信系统［EB/OL］．［2019-06-04］．https：//baijiahao.baidu.com/s？id=1636314714384248364.

[63] 冯雨钐．云南旅游市场秩序整治两周年 共查处涉旅案件3 755件［EB/OL］．［2019-04-18］．https：//news.sina.com.cn/c/2019-04-18/doc-ihvhiqax3723066.shtml.

[64] 段晓瑞.云南省扎实开展旅游企业信用评价 对失信者实施联合惩戒［EB/OL］．［2020-08-22］．http：//news.yninfo.com/yn/36988.jhtml.

[65] 诺思 D C.制度、制度变迁与经济绩效［M］．杭行，译．上海：格致出版社，2008：34.

[66] 江苏省统计局．2020年江苏经济发展亮点和2021年展望［EB/OL］．［2021-02-08］．http：//www.jiangsu.gov.cn/art/2021/2/8/art_34153_9669467.html.

[67] 胡玉梅．文旅市场恢复如何？2020年江苏旅游总收入8250.59亿元［EB/

OL]. [2021-01-24]. https://new.qq.com/rain/a/20210124A06K7J00.
[68] 江苏省文化和旅游厅，智研咨询. 2019年江苏省旅游发展现状及发展优劣势分析 [EB/OL]. [2020-07-31]. http://www.chyxx.com/industry/202007/886227.html.
[69] 江苏省发展和改革委员会. 对省十三届人大三次会议第1167号建议的答复（关于进一步完善我省社会信用体系建设并加快立法进程的建议）[EB/OL]. [2020-07-13]. http://www.js.gov.cn/art/2020/7/13/art_59167_9301961.html.
[70] 佚名. 旅游市场：江苏创建“诚信”先行一步 [N]. 中国旅游报，2002-06-19.
[71] 江苏省人大社会建设委员会. 关于全省社会信用体系建设情况的调研报告 [EB/OL]. [2020-03-19]. http://www.jsrd.gov.cn/bmzy/shjs/yjbg/202003/t20200327_522588.shtml.
[72] 江苏省发展和改革委员会. 对省十三届人大三次会议第1167号建议的答复（关于进一步完善我省社会信用体系建设并加快立法进程的建议）[EB/OL]. [2020-07-13]. http://www.js.gov.cn/art/2020/7/13/art_59167_9301961.html.
[73] 江苏省人大社会建设委员会. 关于全省社会信用体系建设情况的调研报告 [EB/OL]. [2020-03-19]. http://www.jsrd.gov.cn/bmzy/shjs/yjbg/202003/t20200327_522588.shtml.
[74] 江苏省发展和改革委员会. 对省十三届人大三次会议第1167号建议的答复（关于进一步完善我省社会信用体系建设并加快立法进程的建议）[EB/OL]. [2020-07-13]. http://www.js.gov.cn/art/2020/7/13/art_59167_9301961.html.
[75] 江苏省发展和改革委员会. 对省十三届人大三次会议第1167号建议的答复（关于进一步完善我省社会信用体系建设并加快立法进程的建议）[EB/OL]. [2020-07-13]. http://www.js.gov.cn/art/2020/7/13/art_59167_9301961.html.
[76] 江苏省发展和改革委员会. 对省十三届人大三次会议第1167号建议的答复（关于进一步完善我省社会信用体系建设并加快立法进程的建议）[EB/OL]. [2020-07-13]. http://www.js.gov.cn/art/2020/7/13/art_59167_9301961.html.
[77] 范朝礼. 文化对江苏经济高质量发展的深刻影响 [J]. 唯实，2019（4）：52-56.

关键词索引